いちばんやさしい 使えるタイ語入門

原田信生　著

JAYA＆スリーエスグループ　監修

Ⓘ池田書店

学習を始めるみなさんへ

　多くのタイ語教材の中から本書に目を留めていただき、ありがとうございます。

　「タイ旅行が好き」「タイドラマが好き」「赴任予定がある」など理由はさまざまでも、「タイ語を話したい」と思う気持ちは同じですね。本書はみなさんの「話したいな」を叶えるため、日本人のタイ語学習者に寄り添った入門書となっています。

　タイ語は文法が比較的簡単で、文法が難しくて挫折することは少ないのですが、覚えたタイ語が通じず、それが原因で学習をあきらめてしまうことが多い言語です。そのため、いかに通じるタイ語を身につけるかがポイントになります。

　本書ではタイ語の発音をしっかり身につけられるよう、日本人の視点で日本人には何が難しいのかをもとに、段階的に発音を身につけられる構成になっています。

　また、文法ばかり学習してもうまく話せず、フレーズを丸覚えしても応用ができないという観点から、会話の練習にも工夫がしてあります。まず「超基本フレーズ」を学習し、次に「基本文法」の学習、そして既習文法と応用を用いた「場面ごとの会話」と段階的に練習をしていきます。本書の特徴である「超ゆっくりスピード」の音声を何度も聞いてリピートすることで、発音やフレーズをしっかり練習することができます。

　言葉は通じないと楽しくありませんし、楽しくないと学習も続きません。本書を活用していただくことで、タイでの滞在がより楽しく充実したものになればと思っております。楽しみながらタイ語の学習を始めましょう。

原田信生

タイってどんな国？

　タイの正式名称は「タイ王国」といい、立憲君主制を採用している東南アジアに位置する国です。東南アジアでは唯一、植民地支配を受けていない国で、長い王朝の歴史があります。国土は日本の約1.4倍、人口は約6609万人（2023年）で、タイ語を公用語としています。首都バンコクはタイ語でクルンテープ（天使の都）と呼ばれ、日本からは飛行機で約6時間、時差は2時間です。

　国民の9割以上が仏教徒で、美しい寺院や歴史遺跡が数多くあり、人気の旅行先となっています。タイ料理も有名で、多くのハーブ類を使用したスパイシーな味付けが特徴です。最近ではドラマや映画なども注目されており、日本でもライブやファンミーティングなどが頻繁に行われています。

タイの歴史

　タイの歴史はイサーン地方（タイ東北部）から始まり、ウドーンターニー県にあるバーンチェン遺跡は、世界文化遺産に登録されています。13世紀初頭にバンコクの北約440kmの地域に、タイ族によってスコータイ（幸福の夜明け）王朝が築かれました。第3代ラームカムヘーン王は、上座部仏教の布教やタイ文字の考案などに努め、タイ文化の基礎を築き、王朝は全盛期を迎えました。約200年続いたスコータイ王朝は15世紀中頃にアユタヤ王朝の属国となり、約400年間アユタヤ王朝が続きます。アユタヤには世界各国からの商人が渡来して国際交易港として栄え、日本人町も築かれました。1767年にビルマ王国の攻撃を受けて首都アユタヤが陥落しましたが、当時タークの国主だったタークシン王がビルマ軍を撃退してトンブリー王朝を建国。1782年にはチャクリ王朝が成立し、国家の近代化がなされました。1932年の革命で絶対王政が終わり立憲君主制へと移行しました。また、1939年にはシャム国からタイ王国へと呼称を改め、現在に至っています。

もっと知りたい、タイ

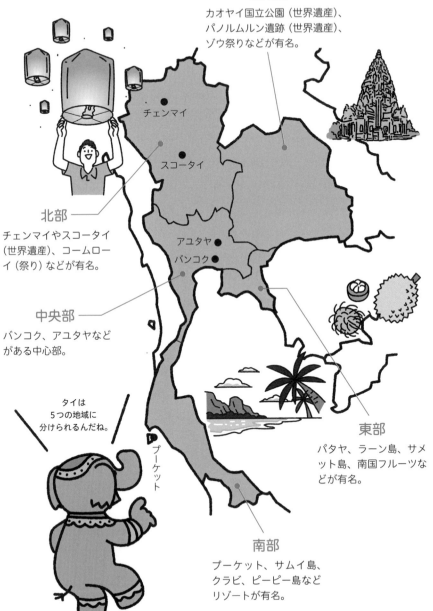

東北部
カオヤイ国立公園（世界遺産）、
パノルムルン遺跡（世界遺産）、
ゾウ祭りなどが有名。

北部
チェンマイやスコータイ
（世界遺産）、コームロー
イ（祭り）などが有名。

中央部
バンコク、アユタヤなど
がある中心部。

タイは
5つの地域に
分けられるんだね。

東部
パタヤ、ラーン島、サメ
ット島、南国フルーツな
どが有名。

南部
プーケット、サムイ島、
クラビ、ピーピー島など
リゾートが有名。

4

●地域と主要都市

タイは熱帯に位置していて年間を通して気温が高く、ソンクラーン（タイの旧正月：水かけ祭り）が行われる4月が、一年で一番暑い時期です。

・北部

　山岳地帯で、タイ最高峰のインタノン山があります。中心都市であるチェンマイは「北方の薔薇」と称される美しい古都です。かつてはラーンナー・タイ王国と呼ばれた独立国で、ビルマの支配下に置かれたこともあり、独自の文化が色濃く残っています。

・東北部

　イサーン地方とも呼ばれ、乾いた大地が広がる高原地帯です。メコン川をはさんで対岸にラオスの首都ビエンチャンがある北イサーンと、カンボジア国境沿いにアンコールワットのクメール遺跡が点在する南イサーンの2つに分かれ、ラオスやカンボジアの影響を受けて育まれた独自の伝統文化が魅力的です。

・東部

　タイ湾と緑豊かな自然があり、リゾート地のパタヤやその近くにあるラーン島、サメット島が有名です。カンボジアとの国境近くには、チャーン島をはじめとする手つかずの自然が残る島々が点在し、南国フルーツや宝石類の採掘でも有名です。

・中央部

　農業に適した平原が広がる稲作地帯です。タイの首都バンコクや古都アユタヤがあり、国内でもっとも発展を遂げているエリアで、見どころが多い地域です。

・南部

　マレー半島の付け根に位置し、東がタイ湾、西がアンダマン海に面しています。プーケットやサムイ島など美しい海と砂浜に恵まれたビーチリゾートが有名で、マレーシアと国境を接する地域は、マレー文化の影響を受けた独自の特徴をもっています。

本書の特徴と使い方

　本書は、タイ語を初めて学ぶ方に向けた入門書です。全5章から成り、発音、必須フレーズ、基礎文法、場面別フレーズの順に学んでいきます。

　第1章ではタイ語を話すのに欠かせない土台となる発音をしっかり学び、これから文法を学ぶうえで知っておきたいタイ語のルール、代名詞、類別詞を紹介しています。第2章ではあいさつなどコミュニケーションに欠かせないフレーズ、第3章では表現が広がる文法の基本を学びます。

　第4章では旅行などで使える場面別のフレーズと会話例、第5章ではファン活に役立つフレーズを紹介しています。

表記について
- タイ文字は形を覚えるのが大変ですし、発音にはいろいろなルールがあって文字を覚えても読むのが難しいです。そこで、本書では発音記号を使って学んでいきます。タイ文字はタイ語の仕組みを理解し、覚えた単語数が増えてから学習したほうが効率がいいです。
- タイ語の表記は単語と単語の間にスペースを入れませんが、本書では単語ごとに区切り、逐語訳もつけています。学習の助けにしてください。
- 発音記号には、矢印とカタカナも付記しています。矢印は、声調（イントネーション）を表していて、どのイントネーションで読めばいいか、一目でわかるようになっています。カタカナはあくまで参考としてつけています。ダウンロードして聞けるネイティブの音声を聞いてください。
- 文末につく丁寧な表現「khâ / khá」「khráp」はkで表しています。

第**1**章
タイ語を話すうえで欠かせない発音をしっかり解説しています。豊富な練習問題で、ひとつずつマスターしていきましょう。

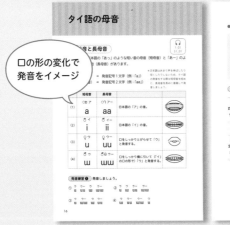

第2章

「こんにちは」「ありがとう」などのあいさつ表現を中心に、コミュニケーションに役立つフレーズを紹介しています。文法などは気にせず、丸暗記してみましょう。

フレーズの使い方を
ていねいに解説

バリエーションも
紹介

理解を深める
知識を適宜、紹介

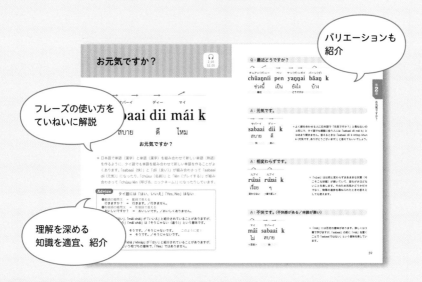

第3章

「○○は□□です」「○○ですか？」「○○します」「○○しません」などの基本文型を学びます。
実践的な例文で、文型の知識を定着させましょう。

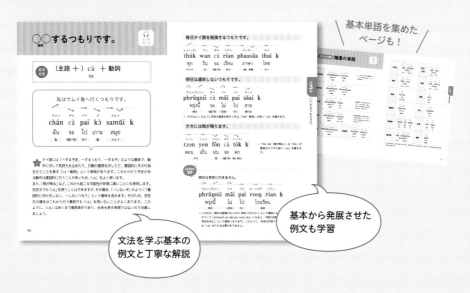

基本単語を集めた
ページも！

文法を学ぶ基本の
例文と丁寧な解説

基本から発展させた
例文も学習

第**4**章

場面ごとに使える例文を紹介しています。タイに行ったとき、ぜひ使ってみてください。

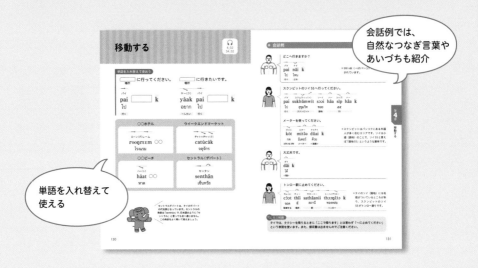

> 会話例では、自然なつなぎ言葉やあいづちも紹介

> 単語を入れ替えて使える

第**5**章

タイのエンタメにはまっている方に向けて、スターへの声援やファン同士の会話を紹介しています。本書では学習しなかった、くだけた表現も紹介しています。

> ファン活で言ってみたい表現やドラマなどで耳にする表現

音声について

- 🎧マークの下の数字が、音声ファイル名です。

- 音声はテキストに沿って、原則、日本語→タイ語の順に収録されています。

- 数字だけのものがゆっくりスピード、数字の前にSがついているのが超ゆっくりスピードです。2種類の音声を、学習の目的に応じてご活用ください。

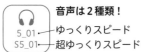

音声は2種類！
ゆっくりスピード
超ゆっくりスピード

ゆっくりスピードの活用法

ネイティブの実際よりゆっくりとした速さです。タイ語の声調（イントネーション）、リズムに慣れるのに役立ててください。聞き取りの練習にも最適です。

超ゆっくりスピードの活用法

とてもゆっくりとした速さで読んでいます。声調を確認しながら、繰り返して発話する練習に最適です。じっくりと発音練習をするときにおすすめです。

- 音声ファイルは下記URLよりダウンロードください。

  https://www.ikedashoten.co.jp/space/6987.html

  ・音声は圧縮されたファイルです。ダウンロード後、解凍してご使用ください。

⚠注意

・音声ファイルはMP3形式です。

・パソコン（Windows/Mac）やMP3対応のオーディオプレイヤーで再生できます。一般の音楽専用CDプレイヤーでは再生できません。

・ご使用のパソコンの環境によっては、音声のダウンロード、再生ができない場合があります。当社では責任を負いかねますので、ご理解・ご了承いただきますよう、お願いいたします。

・音声の再生方法など操作に関する内容については、お答えしかねます。

・音声データは、一般家庭での私的利用に限ってご利用いただけます。
法律で認められた場合を除き、著作権者に無断で音声データを改変・複製・放送・配信・転売することは禁じられています。

・音声データは、告知なく配布を中止する場合があります。

# contents

第1章　タイ語の基礎

第2章　超基本フレーズ

第**3**章　基本文型で学ぶフレーズ

第**4**章　日常生活・街歩きで使えるフレーズ

第**5**章　エンタメでコミュニケーション

タイ語の基礎

タイ文字を読むのは難しいため、本書では、

文字につまずいて学習が進まないということを避けるために、

発音記号と補助的にカタカナを使って学ぶこととします。

タイの文字のしくみを少し見てから、発音について学び、

タイ語の美しい音に触れます。

それから、文法を学ぶ前に知っておきたい文の作り方や

覚えておきたいルールを学びましょう。

タイ文字のしくみ

タイ語を表記する文字

タイ文字は、母音と子音の組み合わせに声調記号をつけて表記をします。ローマ字（アルファベット）の場合は、必ず左側に「子音」が、右側に「母音」が入りますが、タイ文字の場合は、子音の周り（上、下、左、右）に母音が入ります。

●タイ文字の成り立ち

＊1か所または複数の場所に
入ることもあります。

●タイ文字の母音と子音の組み合わせ

また、母音が子音の「左と右」や「上と右」など、1か所ではなくいくつかの場所に入ることもあります。

母音が上と右に入る　　母音が左と右に入る

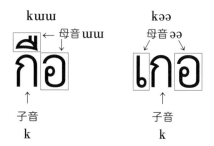

母音ごとに入る場所が決まっているので、母音を学習するときは文字の形と入る位置を覚えることになります。

●イントネーションの記号
タイ語には「声調」と呼ばれるイントネーションがあり、子音の上にイントネーション記号が書いてあります。

今は覚えなくても大丈夫。
そういうものなのだと
知っているだけでいいですよ！

タイ語の母音

短母音と長母音

タイ語には、日本語の「あっ」のような短い音の母音（短母音）と「あー」のような長い音の母音（長母音）があります。

短い音（短母音）⇒ 発音記号1文字（例：「a」）
長い音（長母音）⇒ 発音記号2文字（例：「aa」）

＊日本語はあまり声を伸ばしたり短くしたりしないため、タイ語の発音をする際は短母音を短めに、長母音を長めに意識して発音しましょう。

	短母音	長母音		
(1)	◌ะ ア a	◌า アー aa	日本語の「ア」の音。	
(2)	◌ิ イ i	◌ี イー ii	日本語の「イ」の音。	
(3)	◌ุ ウ u	◌ู ウー uu	口をしっかりとがらせて「ウ」と発音する。	
(4)	◌ึ ウ ɯ	◌ือ ウー ɯɯ	口をしっかり横に引いて（「イ」の口の形で）「ウ」と発音する。	

発音練習 ❶ 発音しましょう。

① ウ ウー ウ ウー
u uu ɯ ɯɯ

② ウ ウ ウー ウー
u ɯ uu ɯɯ

③ ウ ウー ウ ウー
u ɯɯ ɯ uu

④ ウ ウー ウー ウ
ɯ uu ɯɯ u

	短母音	長母音		
(5)	เ◌ะ エ e	เ◌ エー ee	口を薄く開けて「エ」の音を発音する。発音する際に舌先が下の前歯の裏側につかないようにして発音する。 ＊口が開くと「ɛ」の音と似てしまうので注意！	
(6)	แ◌ะ エ ɛ	แ◌ エー ɛɛ	口を縦に開けて舌先を下の前歯の裏側につけて発音する。 「エ」と「ア」の間の音を出す。	

発音練習 ❷ 発音しましょう。

① エ　エー　エ　エー
　e　ee　ɛ　ɛɛ

② エ　エ　エー　エー
　e　ɛ　ee　ɛɛ

③ エ　エー　エ　エー
　e　ɛɛ　ɛ　ee

④ エ　エー　エー　エ
　ɛ　ee　ɛɛ　e

	短母音	長母音		
(7)	โ◌ะ オ o	โ◌ オー oo	口を丸めて、突き出しながら「オ」と発音する。	
(8)	เ◌าะ オ ɔ	◌อ オー ɔɔ	口の中を広くする（あくびや医者に喉を見せるときのような感覚）で「オ」と発音する。喉の奥で「オ」の音が鳴っている感じ。	

発音練習 ❸ 発音しましょう。

① オ　オー　オ　オー
　o　oo　ɔ　ɔɔ

② オ　オ　オー　オー
　o　ɔ　oo　ɔɔ

③ オ　オー　オ　オー
　o　ɔɔ　ɔ　oo

④ オ　オー　オー　オ
　ɔ　oo　ɔɔ　o

	短母音	長母音		
(9)	ເ◯əː ア ə	ເ◯ə アー əə	「ɯ」と「a」の間の音。「イ」より少し縦に大きく口を開けて「ウ」と「ア」の間の音。	

ウー　　　　　アー　　　　アー
ɯɯ ← əə → aa

ここの間に収まるように発音

＊「ɯɯ」と「aa」の間に「əə」が収まるように連続して発音し、「əə」の音の感覚を身につけましょう。

発音練習 ❹ 発音しましょう。

① アー　アー　ウー
　 aa　əə　ɯɯ

② ウー　アー　アー
　 ɯɯ　əə　aa

発音練習 ❺ 発音しましょう。

① ア　エー　アー　オ
　 ə　ɛɛ　əə　ɔ

② ア　　ウー　アー　エー
　 ə　ɯɯ　əə　ɛɛ

③ アー　エー　オー　オー　ウー
　 əə　ɛɛ　oo　ɔɔ　ɯɯ

④ エー　アー　オー　ウー　エー
　 ee　əə　ɔɔ　ɯɯ　ɛɛ

短母音と長母音の違いを
意識して
練習しましょう。

18

重母音

タイ語には母音と母音を組み合わせて「ア（a）」＋「イ（i）」＝「アイ（ai）」
のように使うことがあります。よく使う音は次の13個です。

(1)	アイ **ai**	(2)	アーイ **aai**
(3)	イア **ia**	(4)	ウア **ua**
(5)	ウアイ **uai**	(6)	ウイ **ui**
(7)	ウーイ **uui**	(8)	ウア **ɯa**
(9)	ウアイ **ɯai**	(10)	アーイ **əəi**
(11)	オーイ **ooi**	(12)	オイ **ɔi**
(13)	オーイ **ɔɔi**		

発音練習 ❻ 連続して発音しましょう。

① ウアイ ウアイ アーイ
   ɯai uai əəi

② ウアイ オーイ ウアイ
   uai ɔɔi ɯai

③ アーイ ウーイ オーイ
   əəi uui ɔɔi

④ オーイ オーイ オイ
   ooi ɔɔi ɔi

⑤ ウアイ アーイ アーイ
   ɯai əəi aai

⑥ ウア ウアイ ウアイ
   ɯa uai ɯai

子音の種類と表記のしかた

タイ語の子音

日本語は子音（行）を表すときに、「a」を使って「a」あ行、「ka」か行、「sa」さ行、「ta」た行と表します。

タイ語は子音（行）を表すときに、「ɔɔ」を使って「ɔɔ」「sɔɔ」「nɔɔ」のように表します。

有気音と無気音

タイ語の子音には、2つの種類があります。

●息をたくさん出しながら発音する音＝「有気音」

「ア」「カ」「サ」「タ」「ナ」のように濁らない音（普通の音／清音）です。

●息をあまり出さずに発音する音＝「無気音」

「ガ」「ザ」「ダ」「バ」のように濁る音（点々がある音／濁音）です。

「有気音」と「無気音」を合わせると20の音があります。

ふだん、意識しない
区別ですね。
実際に音を聞いて
みましょう。

「有気音」と「無気音」の区別

●日本語

有気音（濁らない音）　　　無気音（濁る音）

カ　⇒　ガ　　　＊点々がつくと濁る

●タイ語の発音記号

有気音（濁らない音）　　　無気音（濁る音）

kh　⇒　k　　　＊濁らないほうに「h」がつく

か行　　　　　　が行

(1)	コー khɔɔ	kh ข ค ฆ	「カ」行の音。
(2)	ゴー kɔɔ	k ก	「ガ」行の音。
(3)	チョー chɔɔ	ch ช ฌ ฌ	「チャ」行と「シャ」行の間の音。
(4)	ヂョー cɔɔ	c จ	「ヂャ」行（「ジャ」行）の音。

＊タイ語では「チャ」と「シャ」の区別をしません。
　濁る音「c / ヂャ・ジャ」⇒濁らない音「ch/チャ・シャ」

発音練習 ❶　発音しましょう。

① コー　ゴー　チョー　ヂョー
　khɔɔ kɔɔ chɔɔ cɔɔ

② コー　チョー　ゴー　ヂョー
　khɔɔ chɔɔ kɔɔ cɔɔ

③ ゴー　ヂョー　コー　チョー
　kɔɔ cɔɔ khɔɔ chɔɔ

④ ヂョー　コー　チョー　ゴー
　cɔɔ khɔɔ chɔɔ kɔɔ

(5)	トー thɔɔ	th ทฐ ฑ ฒ ถ ธ	「タ」行の音。 ＊舌をはじいてしっかり息を吐く。
(6)	トー tɔɔ	t ฏ ฎ	「タ」行の音を息が漏れないように発音。 少しこもった音で「タ」行と「ダ」行の間の音。 ＊タ行の音は舌を上の歯茎の裏につけてから舌を下に払うようにはじいて発音をするが、「t」の場合は「舌をはじかない」「舌を強く使わない」ように意識する。口に手をかざして息が出ていないかチェックする。
(7)	ドー dɔɔ	d ฎ ฏ	「ダ」行の音。

● 「た」と「だ」の間の音のイメージ

タ　　　　　　ダ　　　　　　ダ
th　　　　　　t　　　　　　d

本書のカタカナ表記では無気音の「t（タ）」も有気音の「th（タ）」と同じ「タ」と表記していますが、「t」と「th」は異なる音のため、発音記号を必ず確認しましょう。

発音練習 ❷ ）3つの違いを練習しましょう。

① トー　トー　ドー
thɔɔ　tɔɔ　dɔɔ 　　② ドー　トー　トー
dɔɔ　tɔɔ　thɔɔ

(8)	ポー phɔɔ	ph ผ ฒ ภ	「パ」行の音。 ＊唇を破裂させてしっかり息を吐く。
(9)	ポー pɔɔ	p ป	「パ」行の音を息を出さずに発音。 「パ」行と「バ」行の間の音。 ＊「唇を破裂させない」ように注意。口に手をかざして息が出ていないかチェックする。
(10)	ボー bɔɔ	b บ	「バ」行の音。

● 「ぱ」と「ば」の間の音のイメージ

パ　　　バ　　　バ
ph　　　p　　　b

本書のカタカナ表記では無気音の「p（パ）」も有気音の「ph（パ）」と同じ「パ」と表記していますが、「p」と「ph」は異なる音のため、発音記号を必ず確認しましょう。

（発音練習 ❸）　3つの違いを練習しましょう。

① ポー　ポー　ボー
　phɔɔ　pɔɔ　bɔɔ　　② ボー　ポー　ポー
　bɔɔ　pɔɔ　phɔɔ

カタカナにつられないで
音声をよく聞いて
まねしてみましょう。

(11)	ンゴー ŋɔɔ	ŋ ง	「ガ」行が鼻にかかった「ンガ」行の音。 ＊しんごうの「んご」。
(12)	ソー sɔɔ	s ซ ศ ษ ส	「サ」行の音。
(13)	ヨー yɔɔ	y ย ญ	「ヤ」行の音。 ＊「yii」の音に注意（次ページ参照）。
(14)	ノー nɔɔ	n น ณ	「ナ」行の音。
(15)	フォー fɔɔ	f ฟ ฝ	下唇を少し噛んだ「f / ファ」行の音。
(16)	モー mɔɔ	m ม	「マ」行の音。
(17)	ロー rɔɔ	r ร	英語「r」のように「ラ」行を巻き舌にした音。 ＊少し巻き舌にするだけでOK。
(18)	ロー lɔɔ	l ล ฬ	舌を巻かない（舌をあまり使わない）「ラ」行の音。

＊タイ語には「r」と「l」の「ラ行」があり、言い分けたほうが滑舌よく聞こえますが、巻き舌の「r」の音が発音しにくいため、実際の会話では「r」と「l」の音が同じような発音になることがよくあります。巻き舌が苦手だからと神経質にならずに発音しましょう。

発音練習 ❹ 音の違いを練習しましょう。

① ンゴー ソー ヨー
　 ŋɔɔ sɔɔ yɔɔ

② ノー フォー モー
　 nɔɔ fɔɔ mɔɔ

(19)	ウォー ccɔ	w ว	「ワ」行の音。
(20)	ホー cch	h ห ฮ	「ハ」行の音。

発音練習 ❺ 音の違いを練習しましょう。

① ロー　ロー　ウォー
rɔɔ　lɔɔ　ccɔ 　 ② ンゴー　フォー　ウォー
ŋɔɔ　ccɔ　ccɔ

日本人が発音しにくい組み合わせ

1_07
S1_07

●yii（ヤ行のイ）

「yii」の音は「y」があり、「アイウエオ」の「イ（i）」とは音が異なります。
「ジ」を伸ばして「ジーーーー」と言うと、ふつうに「イ」と言うときよりも
音が震えて濁ったような感じになります。その、「ジ」と「イ」の中間のような
音です。

●wuu（ワ行のウ）

「wuu」の音は「w」があるので、「アイウエオ」の「ウ（u）」とは音が異なりま
す。「ワ」行の音は口を小さくすぼめてから発音するので、「wuu」は口をしっか
りすぼめてから発音します。

発音練習 ❻ いろいろな組み合わせを発音しましょう。

① イー　ジー　イー　ジー　イー　ジー
ii　yii　ii　yii　ii　yii

② ウー　　ウー　ウー　　ウー　ウー　　ウー
uu　wuu　uu　wuu　uu　wuu

５つの声調
（イントネーション）

声調記号の書き方・読み方

タイ語はイントネーションが大切です。音は高低に変化し、その音の変化を声調と呼びます。タイ語には５つの声調があり、日本語のイントネーションと同じように声調が変わると意味も変わるので気をつけましょう。

音の高低	第一声調 声調記号 なし	第二声調 声調記号 ＼	第三声調 声調記号 ∧	第四声調 声調記号 ／	第五声調 声調記号 ∨
高い 基準 低い	→	↘	∧	↗	∨↗

１つ目の母音の上に声調記号がつきますが、全体を通して音が上がったり下がったりします。

> **Advice**
> ### まずは正しく発音しよう
>
> タイ語には日本語にない音やルールがあります。日本人にとっては日頃聞いていない音なので、多くの場合、聞き取れるようになるまでには時間がかかります。
> それに対して、発音は口の形や息の出し方など、自分で意識することができるので、まずは正しく発音できるようになることを目指しましょう。正しく発音できると音の特徴や違いがわかるので、聞き取りが上達するのも早くなります。

●第一声調

kaa まっすぐ平坦に発音する

→ — — — — — — — —

まっすぐ

＊棒読みして抑揚をつけない。

発音練習❶ 発音しましょう。

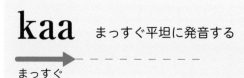

パイ	マー	ター	ドゥー	プー
pai	**maa**	**taa**	**duu**	**puu**
ไป	มา	ตา	ดู	ปู
行く	来る	目、（母方の）祖父	見る	カニ

ヂャー	ピー	ディー	ヂャイ	ラーイ
cəə	**pii**	**dii**	**cai**	**ləəi**
เจอ	ปี	ดี	ใจ	เลย
会う	年／歳	良い	心	過ぎる

ここからは、タイ語の単語を使って
発音練習をしていきます。
意味とタイ文字を併記していますが
覚えなくても大丈夫です。

●第二声調

kàa 低めの声で下がる

第一声調　　　第二声調

kaa　　kàa

⟶ — — —

↘ 下がる

＊第一声調より声が高くならないよう注意。
日本語の「雨」を少し低い声で言う。

（発音練習 ❷）発音しましょう。

マイ	ヤー	ヌアイ	カイ	ガイ
mài	**yàa**	**nùai**	**khài**	**kài**
ใหม่	อย่า	เหนื่อย	ไข่	ไก่
新しい	～しないで	疲れた	卵	鶏

ゲー	バーイ	ボイ	ヂャーイ	テー
kɛ̀ɛ	**bàai**	**bɔ̀i**	**càai**	**tɛ̀ɛ**
แก่	บ่าย	บ่อย	จ่าย	แต่
年老いた	午後	頻繁に	払う	しかし

先ほど練習した
第一声調の高さを
基準にしましょう。

●第三声調

kâa 声を少し高くして下がる

第一声調 **kaa** 　　　第三声調 **kâa**

※第一声調より声が低くならないよう注意。
日本語の「じゃあ」「さあ」を少し高めに。

上がって下がる

発音練習 ❸ 発音しましょう。

ピー	マイ	ナー	ニー	スア
phîi	mâi	nâa	nîi	sûɑ
พี่	ไม่	หน้า	นี่	เสื้อ
年上の人	＜否定＞	顔、～の前	これ	服

メー	ゴー	ンガーイ	ポー	チュー
mɛ̂ɛ	kɔ̂ɔ	ŋâai	phɔ̂ɔ	chɯ̂ɯ
แม่	ก็	ง่าย	พ่อ	ชื่อ
母	～も	簡単な/易しい	父	名前

●第四声調

káa　声を上げる

第一声調　　　　　第四声調

kaa　　　**káa**

→　 - - - - - - - - 　上がる

＊第一声調より声が低くならないよう注意。少し高めに「行く？」と質問するように発音する。タメを作らずにスムーズに声を上げていく。

〔発音練習 ❹〕発音しましょう。

↗　　　↗　　　↗　　　↗　　　↗

マー	マイ	ウェ	ニー	ファー
máa	**mái**	**wɛ́**	**níi**	**fáa**
ม้า	ไหม	แวะ	นี้	ฟ้า
馬	＜疑問＞	寄る	この	空

↗　　　↗　　　↗　　　↗　　　↗

テー	スー	ルー	チー	ヤーイ
thɛ́ɛ	**súɯ**	**rúu**	**chíi**	**yáai**
แท้	ซื้อ	รู้	ชี้	ย้าย
本物	買う	知る	指さす	移動する

●第五声調

kăa 声を低くして上げる

第一声調　　　　第五声調

kaa　　　　kăa

→　　　----↘↗----

＊第一声調より声が高くならないよう注意。
第四声調と区別するために、しっかり声
を低くしてタメを作ってから声を上げる。

（ 発音練習 ❺ ）発音しましょう。

↘↗ マー	↘↗ モー	↘↗ マイ	↘↗ ナー	↘↗ ニー
măa	**mɔ̌ɔ**	**măi**	**năa**	**nĭi**
หมา	หมอ	ไหม	หนา	หนี
犬	医者	シルク	厚い	逃げる

↘↗ スアイ	↘↗ カーイ	↘↗ コー	↘↗ スィー	↘↗ ハー
sŭai	**khăai**	**khɔ̌ɔ**	**sĭi**	**hăa**
สวย	ขาย	ขอ	สี	หา
美しい	売る	請う	色	探す

ここまで
ひとつずつ練習して
きました。
次は総合練習です。

発音練習 ❻ 声調の総復習をしましょう。

マー	マイ	ピー	マー	マー
maa	mài	phîi	máa	mǎa
มา	ใหม่	พี่	ม้า	หมา
来る	新しい	年上の人	馬	犬

マイ	ヤー	ナー	モー	チャイ
mâi	yàa	naa	mɔ̌ɔ	chái
ไม่	อย่า	นา	หมอ	ใช้
<否定>	～しないで	田	医者	使う

ニー	ドゥー	ニー	ニー	カイ
nîi	duu	nǐi	níi	khài
นี่	ดู	หนี	นี้	ไข่
これ	見る	逃げる	この	卵

ファー	スア	スア	トー	ガイ
fáa	sʉǎa	sʉ̂a	thoo	kài
ฟ้า	เสือ	เสื้อ	โทร	ไก่
空	トラ	服	電話をかける	鶏

末子音

ギリギリで我慢する末子音

音の最後にくる子音のことを末子音といいます。
日本語では、ナ行を表す「n」が最後にきて「ン」と読む末子音があります。タイ語の場合は全部で8個の末子音があります。

サン / san ──「n」が末子音

＊末子音がうまく言えないと通じないので注意！

-k	「サッカー」の「サッ（カ）/sak」で止めた「ッ（カ）/k」の音。喉の奥を閉める感じで、声が漏れると「カ/ク」の音になる。
-t	「きっと」の「きっ（と）/kit」で止めた「っ（と）/t」の音。舌の先を上歯茎の裏側につけて止める。声が漏れると「タ/ト」の音になる。
-p	「やっぱり」の「やっ（ぱ）/yap」で止めた「っ（ぱ）/p」の音。口を閉じて止める。声が漏れると「パ/プ」の音になる。

日本人には「○○っ」と聞こえて「っ」の次にくる最後の「k」「t」「p」の音があまり聞こえませんが、タイ人はしっかりと音を拾っているので、しっかりギリギリで「k」「t」「p」を止めましょう。

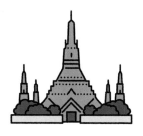

発音練習 ❶ 発音しましょう。

<-k>

ボー(ク)	ラッ(ク)	レッ(ク)	パッ(ク)	マー(ク)
bɔ̀ɔk	**rák**	**lék**	**phák**	**mâak**
บอก	รัก	เล็ก	พัก	มาก
伝える	愛する	小さい	休憩する	とても

<-t>

ロッ(ト)	プー(ト)	ナッ(ト)	キッ(ト)	ティッ(ト)
rót	**phûut**	**nát**	**khít**	**tìt**
รถ	พูด	นัด	คิด	ติด
車	言う	約束(する)	思う/考える	くっつく/くっつける

<-p>

ナッ(プ)	チョー(プ)	ラッ(プ)	ヂャッ(プ)	ポッ(プ)
náp	**chɔ̂ɔp**	**ráp**	**càp**	**phóp**
นับ	ชอบ	รับ	จับ	พบ
数える	好む	受け取る	触る/掴む	会う/見つける

総合

カッ(プ)	ロッ(ト)	ロッ(ト)ティッ(ト)	チョー(プ)	マー(ク)
khàp	**rót**	**rót tìt**	**chɔ̂ɔp**	**mâak**
ขับ	รถ	รถติด	ชอบ	มาก
運転する	車	車がくっつく	好む	とても

＊「rót tit」は「渋滞する」の意味。

日本語の「ン」に似た末子音

-ŋ	「おんがく」の「おん（が）/ong」で止めた「ん（が）/ng」の音で、鼻にかかった音。舌が（歯や歯茎など）口の中のどこにも触れない。口を開け気味で舌の根元が少し上がった状態で、声が漏れると「ん（ぐ）」の音になる。
-n	「みんな」の「みん/min」で止めた「ん/n」の音。舌先が上歯茎の裏側についた状態で、声が漏れると「ん（ぬ）」の音になる。
-m	「さんま」の「さん（ま）/sam」で止めた「ん/m」の音。口を閉じた状態で、「ん」と「む」の間の音になる。

日本語では「ŋ」「n」「m」の３つを「ン」一文字で表して区別をしないため、「○○ん」と聞こえてしまい、どの「ん」かを区別するのは難しいですが、タイ人は３つの音をしっかり使い分けているので、発音する際に口の形を確認しながら言い分けるようにしましょう。

発音練習 ❷ 発音しましょう。

1_15
S1_15

<-ŋ>

ヂョーン(グ)	グン(グ)	トゥン(グ)
cɔɔŋ	**kûŋ**	**thǔŋ**
จอง	กุ้ง	ถึง
予約する	エビ	至る

<-n>

ジープン	ラーン	ギン
yîipùn	**ráan**	**kin**
ญี่ปุ่น	ร้าน	กิน
日本	店	食べる

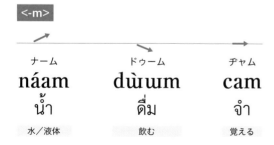

<-m>

ナーム	ドゥーム	ヂャム
náam	**dɯ̀ɯm**	**cam**
น้ำ	ดื่ม	จำ
水／液体	飲む	覚える

i / y / wの末子音

-i /-y	「イ」を弱めに添える感じで発音。 教材により「-i」の場合と「-y」の場合がある。 ＊本書では「-i」を使用する。
-w	「オ」に近い「ウ」と「オ」の中間音で、弱めに「オ」を発音する。 ＊「オ」に近い音で発音することが多いが、個人差や単語差があり「ウ」に近い音になることもある。

発音練習 ❸ 発音しましょう。

1_16
S1_16

<-i /-y>

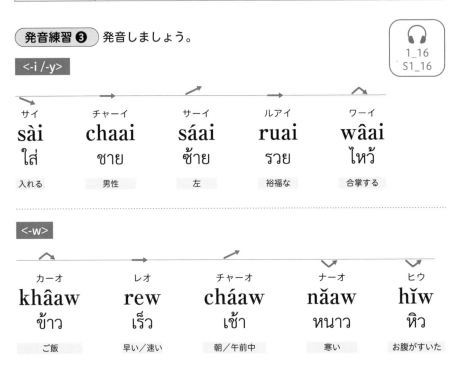

サイ	チャーイ	サーイ	ルアイ	ワーイ
sài	**chaai**	**sáai**	**ruai**	**wâai**
ใส่	ชาย	ซ้าย	รวย	ไหว้
入れる	男性	左	裕福な	合掌する

<-w>

カーオ	レオ	チャーオ	ナーオ	ヒウ
khâaw	**rew**	**cháaw**	**năaw**	**hĭw**
ข้าว	เร็ว	เช้า	หนาว	หิว
ご飯	早い／速い	朝／午前中	寒い	お腹がすいた

発音練習のコツ

　タイ語の発音をマスターするには、母音、子音、声調、末子音、二重子音と段階的にしっかりと練習することが大切です。

　母音と子音は口の形や息の出し方を頭で考えて意識的にコントロールができる動作のため、本書の口の形や息の出し方の説明に従い音声を聞きながら繰り返し練習しましょう。

　タイ語を実際に話すときは連続して声を出すため、口の動きが練習時よりも小さくなりがちです。そのため、オーバーなくらい口を大きく動かして練習してみてください。

　母音と子音に慣れたら次は声調です。母音と子音がスムーズに発音できないまま声調の練習に入ると、「口の形は…」と考えつつ「声を高くして…」と意識するなど、頭の中で考えることがたくさんあり、声調に集中できません。そのため、考え込まずにスムーズに口が動くまで母音と子音を練習してから声調の練習に入ると、上達が早いです。声調は感覚的な部分が強いため、まずは音声のあとについてリピートする練習を繰り返し、慣れることが必要です。音声のあとについてしっかりリピートができるようになったら、音声なしでも間違えずに声調が言えるように繰り返し練習しましょう。

　また、声調があいまいなまま末子音の学習に入ると、末子音に集中ができません。急がば回れというように、それぞれの項目がスムーズに発音できるようになってから次に進むことを心がけましょう。末子音は日本人には聞き取りにくいため、どうしても軽んじてしまいがちですが、タイ人はしっかり音を聞き分け、使い分けをしています。確実に発音をするように心がけましょう。

二重子音

子音のセットは11個

タイ語では、子音が2つセットになって使われることがあります。この子音のセットのことを「二重子音」と言います。

二重子音で使われる子音のセットは11個です。「k」「kh」「t」「p」「ph」の子音が「r」「l」「w」とセットになります。

(1)	kr/ krɔɔ	(2)	kl/ klɔɔ	(3)	kw/ kwɔɔ
(4)	khr/ khrɔɔ	(5)	khl/ khlɔɔ	(6)	khw/ khwɔɔ
(7)	tr/ trɔɔ	(8)	pr/ prɔɔ	(9)	pl/ plɔɔ
(10)	phr/ phrɔɔ	(11)	phl/ phlɔɔ		

●二重子音の発音のポイント

日本語には子音が2つセットで扱われることがないため、日本人が二重子音を発音すると、1つ目の子音の後に「u」の母音を入れ込む傾向があります。「plaa」「ナンプラー（魚醤）」の「プラー」は本来「p」と「l」の間に「u」の文字が入っていないのに、日本人は「pulaa（プラー）」と発音しがちです。母音（uの音）が入りすぎないようにしましょう。

音声をよく
聞いてくださいね。

発音練習 ❶ 発音しましょう。

＜kr＞

ガラパオ / krapǎw / กระเป๋า / 鞄
ゴロー（ト）/ kròot / โกรธ / 怒る

＜kl＞

ガライ / klâi / ใกล้ / 近い
ガライ / klai / ไกล / 遠い

＜kw＞

グワー / kwàa / กว่า / ～よりも
グワーン（グ）/ kwâaŋ / กว้าง / 広い

＜khr＞

カラン（グ）/ khráŋ / ครั้ง / 回、度
カライ / khrai / ใคร / 誰

＜khl＞

カラーイ / khláai / คล้าย / 似ている
コローン（グ）/ khlɔɔŋ / คลอง / 運河

＜khw＞

クワー / khwǎa / ขวา / 右
クウェーン / khwɛ̌ɛn / แขวน / 掛ける

＜tr＞

トロン（グ）/ troŋ / ตรง / まっすぐ
トリアム / triam / เตรียม / 準備する

＜pr＞

ピリアオ / prîaw / เปรี้ยว / 酸っぱい
パライサニー / praisanii / ไปรษณีย์ / 郵便局

＜pl＞

ペレー / plɛɛ / แปล / 訳す
プルッ（ク）/ plùk / ปลุก / 起こす

＜phr＞

プリッ（ク）/ phrík / พริก / トウガラシ
パラ / phrá / พระ / 僧侶

＜phl＞

プレーン（グ）/ phleeŋ / เพลง / 曲
ペレー / phlɛ̌ɛ / แผล / 傷

文の作り方
まずはこれだけ2大ルール

①後ろから修飾する

タイ語の文章は、基本的に「説明したいもの」の後ろに「説明の内容」がくっつきます。

説明したいもの　　　説明の内容

＊後ろに説明がきます。

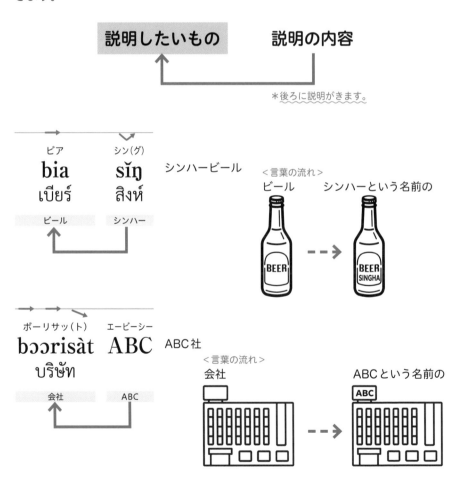

ビア
bia
เบียร์
ビール

シン（グ）
sǐŋ
สิงห์
シンハー

シンハービール

＜言葉の流れ＞
ビール　　　シンハーという名前の

ボーリサッ（ト）
bɔɔrisàt
บริษัท
会社

エービーシー
ABC
ABC

ABC社

＜言葉の流れ＞
会社　　　ABCという名前の

●主語＋主語の説明（形容詞）

タイ料理はおいしいです。

アーハーン	タイ	アロイ
aahǎan	**thai**	**arɔ̀i**
อาหาร	ไทย	อร่อย
料理	タイ	おいしい

＊「料理」→「それはタイの」→「それはおいしい」の順に情報が表れてきます。

●主語＋主語の説明（動詞）＋さらにその説明（副詞）

彼はよく食べます（すごく食べます）。

カオ	ギン	ゲン（グ）
kháw	**kin**	**kèŋ**
เขา	กิน	เก่ง
彼／彼女	食べる	上手/すごい

＊「彼」→「それは食べる」→「それはすごい（量）」の順に情報が表れてきます。

●主語＋主語の説明（動詞）＋さらにその説明（目的語）

私はトムヤムクンを食べます。

チャン	ギン	トム	ヤム	グン（グ）
chán	**kin**	**tôm**	**yam**	**kûŋ**
ฉัน	กิน	ต้ม	ยำ	กุ้ง
私	食べる	トムヤムクン		

＊「私」→「それは食べる」→「食べるのはトムヤムクン」の情報が表れてきます。

●主語＋主語の説明（動詞）＋さらにその説明（行き先、動作の場所）

僕はバンコクへ行きます。

ポム	パイ	ティー	グルン（グ）テー（プ）
phǒm	**pai**	**(thîi)**	**kruŋthêep**
ผม	ไป	(ที่)	กรุงเทพฯ
僕	行く	場所	バンコク

＊日本語では「へ」「に」「で」など、場所に使う助詞がいくつかありますが、タイ語では主に「thîi」を「thîi＋場所」の形で用います。「pai（行く）＋thîi＋目的地」の場合、「thîi」が省略できます。

②時間の流れに沿って動詞を並べる

タイ語では時間の流れに沿って、行動を行う順番に動詞を並べます。日本語では、グラウンドなどに行って走るときに「走りに行く」と言いますが、タイ語は違います。例を見ましょう。

走りに行きます。

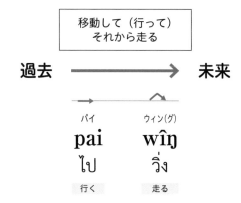

走って行きます。

その他のルール

タイ語は日本語と同じく、言われなくてもわかる場合、その語が省略されることが多々あります。

私の名前はミーナーです。

* 「私」の名前であること、私の「名前」であることがわかりきっているので、それぞれ省略されています。

これは何ですか？

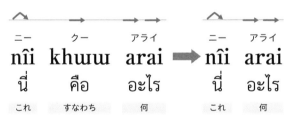

*日本語でも「これ、何？」と言うように、「khɯɯ」はよく省略されます。

これはパッタイです。

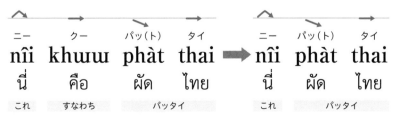

43

人称代名詞・指示代名詞

省略されがちですが、人称代名詞をまとめて紹介します。

●一人称

私		僕	私たち	
ディチャン	チャン	ポム	プアッ(ク)	ラオ
dichán /	chán	phǒm	phûak	raw
ดิฉัน	ฉัน	ผม	พวก	เรา

ヌー
nǔu
หนู

＊「nǔu」は小さな子どもや若い女性が、年上・目上に対して自分のことを謙遜するときによく使います。

●二人称

あなた	あなたたち	
クン	プアッ(ク)	クン
khun	phûak	khun
คุณ	พวก	คุณ

ヌー
nǔu
หนู

＊「khun」は改まった言い方で、日常生活では使用頻度が少ないです。「khun〜」で 「〜様（さん）」という使い方もあります。また、日常会話では「khun」の代わりに「phîi ピー」や「nɔɔŋ ノーン（グ）」を使用することもあります。

＊「nǔu」は年上・目上の人が小さな子どもや若い女性を指して使います。

●三人称

彼・彼女	彼ら・彼女ら	
カオ	プアッ(ク)	カオ
kháw	phûak	kháw
เขา	พวก	เขา

＊このほかにも180〜181ページで紹介しています。

●指示代名詞

これ、それ、あれを表す指示代名詞を紹介します。「ここ（場所）」「この（名詞）」などを表すときは、指示代名詞を後ろに置きます。

これ	それ	あれ
ニー **nîi** นี่ これ	ナン **nân** นั่น それ	ノーン **nôon** โน่น あれ
ここ	そこ	あそこ
ティー ニー **thîi nîi** ที่ นี่ 場所 これ	ティー ナン **thîi nân** ที่ นั่น 場所 それ	ティー ノーン **thîi nôon** ที่ โน่น 場所 あれ
この（名詞）	その（名詞）	あの（名詞）
ニー 名詞 + **níi** นี้ この	ナン 名詞 + **nán** นั้น その	ノーン 名詞 + **nóon** โน้น あの

指示代名詞の使い方は、
96ページで詳しく
学びます。

類別詞

日本語の「〜個」「〜人」のように、物を数えるときに使う単位を「類別詞」といいます。タイ語の特徴ともいえるもので、単位として使うほか、指示代名詞と組み合わせたり、いろいろな文法を使うことがあります。

1_22
S1_22

アン **an**	形が不特定な小さい物に使います。類別詞が不明確な場合などに他の類別詞の代用としても使います。	（例）お菓子、灰皿など
コン **khon**	人を数えるときに使います。	人
トゥア **tua**	生き物（動物、魚、虫など体があるもの）、衣服（服、ズボン、下着など体の形をしたもの）、イス、机など（脚があるもの）に使います。	（例）生き物、衣服、机、イス、人形、文字など
ヂャーン **caan**	お皿に盛られた物に使います。	（例）ガパオライス、カオマンガイ、チャーハンなど
ゲーオ **kɛ̂ɛw**	コップやグラスに入った物に使います。	（例）水、ジュース、ビールなど
トゥアイ **thûai**	茶碗やカップなど底の深い小さめの器に入った物に使います。	（例）コーヒー、紅茶、スープなど
クアッ（ト） **khùat**	ビンに入った物に使います。	（例）瓶ビール、瓶ジュースなど
バイ **bai**	空の食器や容器、鞄など何かを入れる物に使います。	（例）鞄、丼、皿、コップ、グラス、カップなど
カン **khan**	握ったりつかんだりするところがある物に使います。	（例）スプーン、フォーク、車、バイク、タクシーなど

大人2人、子ども1人

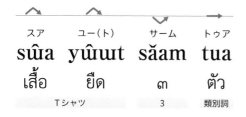

プー ヤイ	ソーン(グ)	コン	デッ(ク)	ヌン(グ)	コン
phûuyài	**sɔ̌ɔŋ**	**khon**	**dèk**	**nùŋ**	**khon**
ผู้ใหญ่	๒	คน	เด็ก	๑	คน
大人	2	類別詞	子ども	1	類別詞

＊タイ語には「子ども」を意味する単語が2つあります。「大人」に対する「子ども」は「dèk」、「親」に対する「子ども」は「lûuk」です。

Tシャツ3枚

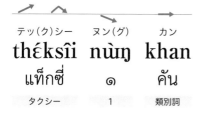

スア	ユー(ト)	サーム	トゥア
sûɯa	**yɯ̂ɯɯt**	**sǎam**	**tua**
เสื้อ	ยืด	๓	ตัว
Tシャツ		3	類別詞

タクシー1台

テッ(ク)シー	ヌン(グ)	カン
thɛ́ksîi	**nùŋ**	**khan**
แท็กซี่	๑	คัน
タクシー	1	類別詞

水を2本（ペットボトルや瓶）

ナーム	ソーン(グ)	クアッ(ト)
náam	**sɔ̌ɔŋ**	**khùat**
น้ำ	๒	ขวด
水	2	類別詞

数を尋ねるとき、日本語では「何枚」「何台」と聞きますが、タイ語では「kìi ＋類別詞」の形を使います（→145ページ）。例えば「kìi tua（何枚）」「kìi khan（何台）」となります。

日常のなかのルール

　日本では食事の前に「いただきます」と言ったり、神社を参拝する際に二拝二拍手一拝したりする習慣がありますが、タイでも食事の場面やお寺での習慣があります。

　タイでは「いただきます」や「ごちそうさま」を言う習慣がありません。ご飯を食べるときは右手にスプーン、左手にフォークを持って食べるのが一般的で、麺の場合は右手に箸、左手にレンゲを持ち、お箸で麺をレンゲに入れて口に運びます。また、料理に入っている唐辛子はスプーンとフォークを使って取り除いてから食べます。そのまま唐辛子を口にすると辛い思いをしたり、お腹を壊したりすることがあるので気をつけましょう。

　複数で料理をシェアする場合は、自分のお皿におかずを少量よそって食べます。ビュッフェのように一度にいろいろな種類のおかずを取ったり、山盛りによそったりはしないので注意しましょう。

　また、お寺にお参りする際、女性が僧侶の体に触れてはならないため、体が触れることがないよう心掛けましょう。お参りをする際は、お寺でロウソク、線香、花、金箔の4点セットを購入します。まず、ロウソクに火をつけてロウソク台に立てます。その後、線香に火をつけ、仏像の前で線香と花と金箔を持って祈願をします。その後、線香を立て、花を献花台に置いたら金箔を仏像に貼り、最後に仏像の前で3回正座をして拝みます。

　タイのお寺にも日本のおみくじに似たシアムシー（siamsii）と呼ばれるものがあるので、機会があったらぜひやってみてください。

第 **2** 章

超基本フレーズ

あいさつ、お礼、お詫び、名前の伝え方など
文法を学ぶ前に、
まるごと覚えて話せる超基本フレーズを
厳選してご紹介します。
繰り返し聞いて、声に出して言ってみましょう。

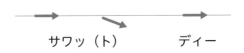

サワッ（ト）　　　ディー

sawàt dii

สวัสดี

おはよう。／こんにちは。／
こんばんは。／さようなら。

＊朝・昼・夜、会ったとき・別れるとき、どんな場面でも使える便利なあ
　いさつです。

🌸丁寧な表現をするには

「おはよう」ではなく「おはようございます」のように丁寧に表現したい場合、
文末に主に女性が「khâ / khá」、男性が「khráp」を使いますが、ジェンダー
の多様性に伴い、言葉遣いも選べます。また、本書では「khâ / khá」「khráp」
をkで表しています。

主に女性　　　　主に男性

カ　　　カ　　　　　カラッ（プ）
khâ / khá　　khráp
ค่ะ / คะ　　　　ครับ

＊「khâ」は肯定文、「khá」は疑問文や
　呼びかけで使うのが一般的ですが、肯
　定文の文末に「ná」や「sì / sí」がつ
　くと、肯定文であっても「ná khá」や
　「sì khá / sí khá」のようになります。

50

また会いましょう。

チャー　　ガン　　　マイ
cəə　kan　mài　k
เจอ　　กัน　　ใหม่
会う　　お互いに　新しい

グッドラック（お元気で）。

チョー（ク）　ディー
chôok　dii　k
โชค　　ดี
運　　　良い

＊しばらく会えない相手との別れなど、
日本語で「お元気で」と声をかける
のと同じタイミングで使います。

Advice
合掌（wâai）とお辞儀

日本では、あいさつやお礼、謝罪の際にお辞儀をしますが、タイではお辞儀ではなく合掌をします。日本ではお辞儀をする際に、その角度が深くなると重みが増しますが、タイでは合掌の際の手を合わせる位置（手の高さ）が高くなると重みが増します。合掌するタイミングも日本のお辞儀と似ていますので、会釈やお辞儀をするタイミングや深さをもとに合掌をしてみましょう。また、年下の人から年上の人に対して先に合掌をするのが一般的です。合掌はお辞儀と一緒で友達などにはあまりしませんので、注意しましょう。

▲胸の高さが目安

ありがとう。

コー（プ）　　　　　クン

khɔ̀ɔp khun k

ขอบคุณ

ありがとうございます。

* 「khɔ̀ɔp」は「報いる」、「khun」は「善、恩」の意味で、これで感謝の意を表します。日本語では誰かに何かを手伝ってもらったり、助けてもらったりした際に「すみません」という言葉を使うこともありますが、タイ語では必ず「khɔ̀ɔp khun k」を用います。

とても感謝します。

コー（プ）　　　クン　　　マー（ク）

khɔ̀ɔp　khun　mâak　k

ขอบคุณ　　　　　มาก

報いる　　　善、恩　　　とても

サンキュー。

テン（グ）ギウ
téŋkîw
แต๊งกิ๊ว
サンキュー

＊英語の「Thank you」です。日本語でも「サンキュー」と言うとカジュアルな響きになるように、タイ語もカジュアルな表現です。

ありがと。

コー（プ）　　ヂャイ　　ナ
khɔ̀ɔp cai ná
ขอบใจ　　นะ
報いる　　心　　よ／ね

＊「khɔ̀ɔp khun k」よりも、ややカジュアルな表現です。友達や目下の人に使います。

ありがとね。

テン（グ）　　ナ
téŋ ná k
แต๊ง　　นะ
サンキューの略　　よ／ね

＊「téŋ kîw（サンキュー）」の略。

Advice　話し言葉と書き言葉（フォーマルな言葉）

タイ語でも日本語と同じように話し言葉とフォーマルな言葉があります。「ありがとう」の場合は「khɔ̀ɔ khɔ̀ɔp phrá khun コー コー（プ）プラ クン」、「すみません」の場合は「khɔ̌ɔ aphai コー アパイ」をフォーマルな書き言葉として使用し、主に貼り紙や公的文書、ビジネス文書などに用います。また、放送や謝罪会見などでも使用されることがあります。

すみません。

コー　　　　トー（ト）

khɔ̌ɔ thôot k

ขอโทษ

すみません。／ごめんなさい。

＊ 日本語に比べて謝罪の言葉のバリエーションが少なく、まずは「khɔ̌ɔ thôot」さえ覚えておけば、いろいろな場面で使えます。また、日本語の「すみません」と同じで、人を呼ぶときなどにも使えます。丁寧に呼びかけるときは「khun k（あなた）」という言い方もあります。

本当にすみません。

コー　　　トー（ト）　　ヂン（グ）　ヂン（グ）

khɔ̌ɔ thôot ciŋ ciŋ k

ขอโทษ　　　จริง　ๆ

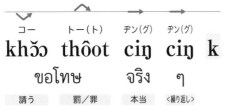

| 請う | 罰／罪 | 本当 | ＜繰り返し＞ |

＊ thôotには「（罪を）責める」という意味もあります。「ๆ」は、繰り返しを表す記号で、直前の語を繰り返します。「ciŋ」は、動詞や形容詞とともに使って「とても」と程度の大きいさまを表す場合は、ciŋ ciŋと2回繰り返して強調することがよくあります。それに対して名詞とともに使って「真実、誠」という意味を表す場合は、繰り返さずに「ciŋ」1つで使用します。

ごめん。

トー（ト）　ティー
thôot thii
โทษ　ที
ごめん

＊日本語の「ごめん」のようなくだけた言葉で、親しい人との間で使います。

大丈夫。／気にしないで。／どういたしまして。

マイ　ペン　ライ
mâi pen rai k
ไม่เป็นไร
何でもない

＊「mâi pen rai」は「何でもない／気にしないで」という意味なので、「大丈夫」や「どういたしまして」などのように、場面により日本語の訳が異なります。
また、日本語の「大丈夫」は「OK」という意味で使われますが、「mâi pen rai」は「OK」という意味では使えないので注意しましょう。

都合はいかがですか？　⇒　大丈夫です。○日本語の「大丈夫」は使える
　　　　　　　　　　　⇒　mâi pen rai（何でもないです）×使えない
明日の準備、できてる？　⇒　大丈夫。○日本語の「大丈夫」は使える
　　　　　　　　　　　⇒　mâi pen rai（何でもないです）×使えない

申し訳ございません。

トン（グ）　コー　トー（ト）　ドゥアイ　ナ
tɔ̂ŋ khɔ̌ɔ thôot dûai ná k
ต้อง　ขอโทษ　ด้วย　นะ
~しなければならない　請う　罰／罪　<強調>　よ／ね

私の名前は○○です。

チャン　　　　　チュー　　　　　ミーナー

chán chûɯ miinaa k

ฉัน　　　　　ชื่อ　　　　　มีนา

ここに名前を入れる

私の名前はミーナーです。

＊「chán」は「私（主に女性）」、「chûɯ」は「名前」の意味で、名前を伝えるときに使用するフレーズです。「miinaa」のところに名前や呼び名（ニックネーム）などを入れます。主語を入れ替えることで、人名だけでなく店名などさまざまな名前を表すことができます。

名前はミーナーです。

チュー　　ミーナー

chûɯ miinaa k

ชื่อ　　มีนา

名前　　ミーナー

＊第1章でも説明しましたが、タイ語は日本語と同じく「私」などが省略されることがよくあります。

僕の名前はアキラです。

ポム	チュー	アキラ	
phŏm	chûɯ	akirá	k
ผม	ชื่อ	อากิระ	
僕	名前	アキラ	

＊男性用の一人称代名詞を使う場合は「phŏm」です。

名前は何ですか？

チュー	アライ	
chûɯ	arai	k
ชื่อ	อะไร	
名前	何	

＊答えるときは、左ページ上のように答えます。「私」を省略して左ページ下の「chûɯ miinaa k」のように答えてもいいです。

呼び名は何という名前ですか？

チュー	レン	チュー	アライ	
chûɯ	lên	chûɯ	arai	k
ชื่อ	เล่น	ชื่อ	อะไร	
名前	プレイする	名前	何	

＊本名を聞くときは「chûɯ lên」の代わりに「chûɯ ciŋ チューヂン（グ）（本当の名）」を使い「chûɯ lên chûɯ arai」と言います。答えるときは姓ではなく名を答えます。

Advice タイの人は「名前」を2つもっている

ほとんどのタイ人は本当の名前「chûɯ ciŋ チューヂン（グ）」と呼び名「chûɯ lên チューレン」の2つの名前をもっており、両親など家族やお坊さんが名付けることがほとんどです。「chûɯ ciŋ」は戸籍上の名前でファーストネームとなり、書類など正式な場で使用します。それに対して、「chûɯ lên」は日常お互いを呼び合う呼び名のようなものでセカンドネームとなります。「chûɯ lên」は日本のあだ名とは意味合いが異なります。また、「chûɯ ciŋ」は「本当の名前」を意味しますが、日本語の本名が姓と名を指すのに対して、「chûɯ ciŋ」には姓を含まず名だけを指します。

お元気ですか？

サバーイ　　　ディー　　　マイ

sabaai dii mái k

สบาย　　　ดี　　　ไหม

お元気ですか？

＊日本語で単語（漢字）と単語（漢字）を組み合わせて新しい単語（熟語）を作るように、タイ語でも単語を組み合わせて新しい単語を作ることがよくあります。「sabaai（快）」と「dii（良い）」が組み合わさって「sabaai dii（元気）」になったり、「chûɯ（名前）」と「lên（プレイする）」が組み合わさって「chûɯ lên（呼び名、ニックネーム）」になったりしています。

Advice　　　タイ語には「はい、いいえ」「Yes, No」はない

●動詞の疑問文　⇒　動詞で答える
　行きますか？　⇒　行きます。／行きません。
●形容詞の疑問文　⇒　形容詞で答える
　おいしいですか？　⇒　おいしいです。／おいしくありません。

「châi」が「はい」、「mâi châi」が「いいえ」と紹介されていることがありますが、「châi」は「そう」、「mâi châi」は「そうじゃない（違う）」という意味です。

行きますか？　⇒　そうです。／そうじゃないです。　　このように変！
おいしいですか？　⇒　そうです。／そうじゃないです。

同じような例に、「khâ / khráp」が「はい」と紹介されていることがありますが、「ええ／はい」という相づちの意味で、「Yes」ではありません。

Q：最近どうですか？

チュアン（グ）ニー ペン ヤン（グ）ンガイ バーン（グ）

chûaŋníi pen yaŋŋai bâaŋ k

ช่วงนี้ เป็น ยังไง บ้าง

最近 どうですか

第**2**章

お元気ですか？

A：元気です。

サバーイ ディー

sabaai dii k

สบาย ดี

快 良い

＊よく顔を合わせる人に日本語で「元気ですか？」と尋ねないのと同じで、タイ語でも頻繁に会う人には「sabaai dii mái k」とはあまり聞きません。答えるときは「sabaai dii k khɔ̀ɔp khun k（元気です、ありがとうございます）」と答えてもいいでしょう。

A：相変わらずです。

ルアイ ルアイ

rûai rûai k

เรื่อย ๆ

変わらない ＜繰り返し＞

＊「rûai」は以前と変わらずまあまあな状態（そこそこな状態）が続いていて、変化がさほどないことを表します。そのため元気かどうかだけでなく、物事の進捗を尋ねられたときの答えとしても使えます。

A：不快です。（不快感がある／体調が悪い）

マイ サバーイ

mâi sabaai k

ไม่ สบาย

＜否定＞ 快

＊「mâi」には否定の意味があります。詳しくは3章で学びますが、「sabaai」の前に「mâi」を置くことで「sabaaiではない」という意味を表しています。

59

どうぞ。

→

チャーン

chəən k

เชิญ

どうぞ。

＊日本語の「どうぞこちらへ」「どうぞお座りください」のように、タイ語でも本来は「chəən ○○」の形で使用しますが、身振り手振りが加わって動詞がなくても意味がわかる場合は、日本語の「どうぞ」と同じく「chəən」だけで使用します。

どうぞこちらへ。

→	→	↗
チャーン	ターン(グ)	ニー
chəən	**thaaŋ**	**níi k**
เชิญ	ทาง	นี้
どうぞ	道/方向	この

＊「あちらへ」と言うときは「níi」を「nóon」に変えます。指示代名詞については45ページで説明しています。

60

どうぞ中へ。

チャーン　カーン(グ)　ナイ
chəən khâaŋ nai k
เชิญ　　 ข้าง　 ใน
どうぞ　　 側　　 中／内

どうぞお座りください。

チャーン　ナン(グ)
chəən nâŋ k
เชิญ　　 นั่ง
どうぞ　　 座る

どうぞお飲みください。

チャーン　ドゥーム
chəən dùɯm k
เชิญ　　 ดื่ม
どうぞ　　 飲む

＊「食べて／召し上がってください」の
場合は「dùɯm」を「kinギン（食べ
る）/thaanターン（召し上がる）」に
変えて言います。

お先にどうぞ。

チャーン　ゴーン
chəən kɔ̀ɔn k
เชิญ　　 ก่อน
どうぞ　　 前／先

＊お店や空港、トイレなどで列に並んで
いるときに、先に通してあげたい人
がいたら、こう言ってみましょう。

わかりますか？

カオ	ヂャイ	パーサー	タイ	マイ	
khâw	**cai**	**phaasăa**	**thai**	**mái**	**k**
เข้า	ใจ	ภาษา	ไทย	ไหม	

👉 ここを使い分ける

Q：タイ語がわかりますか？

＊ 「phaasăa thai」は「タイ語」、「mái」は疑問の意味です。
タイ語では「わかる」という言葉を内容によって使い分けます。ここで
紹介するのは「理解する」という意味の「khâw cai」です。ほかに知識、
情報（事柄・内容・物事など）を知っているという意味の「rúu」、名詞・
固有名詞・人・場所などをよく知っているという意味の「rúucàk」が
あります。

A：わかります。

カオ	ヂャイ	
khâw	**cai**	**k**
เข้า	ใจ	
入る	心	

A：わかりません。

マイ	カオ	ヂャイ	
mâi	**khâw**	**cai**	**k**
ไม่	เข้า	ใจ	
<否定>	入る	心	

Q：ホテルの住所がわかりますか？

ルー	ティーユー	ローン（グ）レーム	マイ
rúu	**thîiyùu**	**rooŋrɛɛm**	**mái k**
รู้	ที่อยู่	โรงแรม	ไหม
(情報を) 知る	住所	ホテル	<疑問>

＊ホテルの住所、電話番号など単なる情報の場合には「rúu」を使います。

A：わかります。

ルー
rúu k
รู้
(情報を) 知る

A：わかりません。

マイ	ルー
mâi	**rúu k**
ไม่	รู้
<否定>	(情報を) 知る

Q：お寿司を知っていますか？

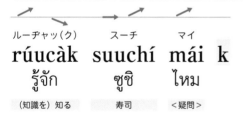

ルーヂャッ（ク）	スーチ	マイ
rúucàk	**suuchí**	**mái k**
รู้จัก	ซูชิ	ไหม
(知識を) 知る	寿司	<疑問>

＊お寿司は固有名詞なので「rúucàk」を使います。

A：知っています。

ルーヂャッ（ク）
rúucàk k
รู้จัก
(知識を) 知る

A：知りません。

マイ	ルーヂャッ（ク）
mâi	**rúucàk k**
ไม่	รู้จัก
<否定>	(知識を) 知る

→ →

アライ

arai k

ここが変わる

อะไร

何ですか？

＊ 日本語で疑問詞を「何？」「いつ？」「誰？」と単独で使用できるように、タイ語でも疑問詞だけで使用をすることができます。何かを指さすなどして意図を伝えながら、使ってみましょう。

LEVEL UP

何ですか？

→ → ↗

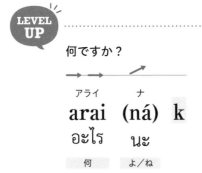

アライ　　ナ

arai (ná) k

อะไร　　นะ

何　　　よ／ね

＊相手の言ったことに対して聞き返すときの表現です。「ná」は、日本語の「〜ね、よ、よね」のように語尾につけて使用します。

いくつですか？／いくらですか？

タオライ
thâwrài k
เท่าไหร่
いくつ／いくら

＊「〜thâwrài」で「〜」の数を尋ねる
ことができます（→144ページ）。

いつですか？

ムアライ
mûarài k
เมื่อไหร่
いつ

＊気になるイベントなどについて
「mûarài」と言って聞いてみましょう。

誰ですか？

カライ
khrai k
ใคร
誰

＊写真を見ながら、ドラマを見ながら、
気になったスターが誰なのか、聞い
てみましょう。

どこですか？

ティー　　ナイ
thîi nǎi k
ที่　ไหน
場所　どの

＊直訳は「どの場所ですか？」です。
行きたい場所の写真を指さしながら
使ってみましょう。

何を食べるのが好きですか？

チョー（プ）	ギン	アライ	
chɔ̂ɔp	**kin**	**arai**	**k**
ชอบ	กิน	อะไร	
好む	食べる	何	

＊好きな食べ物を尋ねるときに使います。

何の仕事をしていますか？

タム	ンガーン	アライ	
tham	**ŋaan**	**arai**	**k**
ทำ	งาน	อะไร	
する	仕事	何	

＊職業を尋ねるときに使います。

タイにいつ来ましたか？

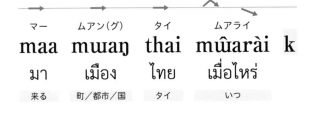

マー	ムアン（グ）	タイ	ムアライ	
maa	**mɯaŋ**	**thai**	**mɯ̂arài**	**k**
มา	เมือง	ไทย	เมื่อไหร่	
来る	町／都市／国	タイ	いつ	

＊肯定文と同じ語順で、肯定文の時間に関する単語のところに「mɯ̂arài（いつ）」がきます。

いつまでキャンセルが可能ですか？

ヨッ（ク）	ラー（ク）	ダイ	トゥン（グ）	ワン	ナイ	
yók	**lə̂ək**	**dâi**	**thɯ̌ŋ**	**wan**	**nǎi**	**k**
ยก	เลิก	ได้	ถึง	วัน	ไหน	
キャンセルする	＜可能＞	～まで		日	どの	

＊「wan nǎi（どの日）」という表現もよく使います。

彼は誰ですか？

カオ	ペン	カライ	
kháw	**pen**	**khrai**	**k**
เขา	เป็น	ใคร	
彼／彼女	～に属する	誰	

＊肯定文と同じ語順で、人に
　関する単語のところに
　「khrai（誰）」がきます。

これは誰の物ですか？

ニー	コーン（グ）	カライ	
nîi	**khɔ̌ɔŋ**	**khrai**	**k**
นี่	ของ	ใคร	
これ	物	誰	

ここはどこですか？

ティー	ニー	ティー	ナイ	
thîi	**nîi**	**thîi**	**nǎi**	**k**
ที่	นี่	ที่	ไหน	
場所	これ	場所	どの	

＊「thîi　nǎi」は「どの場所」
　という意味です。肯定文と
　同じ語順で、場所に関する
　単語のところに「thîi　nǎi」
　がきます。

どこで売っていますか？

カーイ	ティー	ナイ	
khǎai	**thîi**	**nǎi**	**k**
ขาย	ที่	ไหน	
売る	場所	どの	

父	母	両親
ボー phɔ̂ɔ พ่อ 父	メー mɛ̂ɛ แม่ 母	ボー　　　メー phɔ̂ɔ mɛ̂ɛ พ่อ　แม่ 父　　母
（父方の）祖父	（父方の）祖母	（母方の）祖父
プー pùu ปู่ （父方の）祖父	ヤー yâa ย่า （父方の）祖母	ター taa ตา （母方の）祖父
（母方の）祖母	兄	姉
ヤーイ yaai ยาย （母方の）祖母	ピー　　チャーイ phîi chaai พี่　ชาย 年上　　男性	ピー　　サーオ phîi sǎaw พี่　สาว 年上　　女性
弟	妹	息子
ノーン(グ)　チャーイ nɔ́ɔŋ chaai น้อง　ชาย 年下　　男性	ノーン(グ)　サーオ nɔ́ɔŋ sǎaw น้อง　สาว 年下　　女性	ルー(ク)　チャーイ lûuk chaai ลูก　ชาย 子ども　男性
娘	夫	妻
ルー(ク)　サーオ lûuk sǎaw ลูก　สาว 子ども　女性	サーミー sǎamii สามี 夫	パンラヤー phanrayaa ภรรยา 妻

＊「親」に対する「子ども」は「lûuk」、大人に対する子どもは「dèk」といいます。男女どちらにも使います。

＊「sǎaw」は若めの女性を指し、男性に対する女性の場合は「yiŋ イン（グ）」と言います。

第 **3** 章

基本文型で学ぶフレーズ

タイ語は、日本語や英語のように
動詞や形容詞の語尾が変化することはありません。
決まった順に単語を並べていくと文章が完成します。
ここでは、よく使われる文法を
実践的な例文を使いながら学びましょう。

○○は□□です。①

主語　名詞

基本文型　　主語 ＋ **pen** ＋ 名詞
เป็น

私は日本人です。

チャン　　ペン　　コン　　ジープン
chán　pen　khon　yîipùn　k
ฉัน　เป็น　คน　ญี่ปุ่น
私　〜に属する　人　日本

🌸　「AはBです」という表現は2つあります。「AはBのグループの中の1つ」「AはBのグループに属している」という状況を説明する場合は「penペン」を使います。「A=B」「AすなわちB」のように、AとBが完全に1対1でイコールになる状況を説明する場合は「khɯɯクー」を使います（→74ページ）。
まず、ここでは「主語＋pen＋名詞」という表現を学びましょう。

A+ **pen** +B　　A+ **khɯɯ** +B

A
Bというグループ

A = B

私は学生です。

チャン　　　ペン　　　ナッ（ク）　リアン
chán　pen　nák rian k
ฉัน　　　เป็น　　นักเรียน

私　　　　～に属する　　学生／生徒

彼女はタイ人です。

カオ　　　　ペン　　　コン　　　　タイ
kháw　pen　khon　thai k
เขา　　　เป็น　　คน　　　ไทย

彼／彼女　　～に属する　　人　　　　タイ

彼女は会社員です。

カオ　　　　ペン　　　パナッ（ク）ンガーン　　　ボーリサッ（ト）
kháw　pen　phanákŋaan　bɔɔrisàt k
เขา　　　เป็น　　พนักงาน　　　บริษัท

彼／彼女　　～に属する　　　従業員　　　　　会社

＊「phanákŋaan～」で「～員／～スタッフ」という意味になります。次のページに、職業を表す語句を紹介しています。

彼はチェンマイ人です。

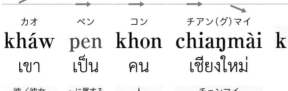

カオ　　　　ペン　　　コン　　　チアン（グ）マイ
kháw　pen　khon　chiaŋmài k
เขา　　　เป็น　　คน　　　เชียงใหม่

彼／彼女　　～に属する　　人　　　　チェンマイ

＊タイ語では出身地を言う際に「khon＋出身地／～人」という表現を用います。

3_02
S3_02

会社員	パナッ(ク)ンガーン **phanákŋaan** พนักงาน 従業員	ポーリサッ(ト) **bɔɔrisàt** บริษัท 会社	＊「〜員」と言える職業の多くは「phanákŋaan〜」で表せます。
銀行員	パナッ(ク)ンガーン **phanákŋaan** พนักงาน 従業員	タナーカーン **thanaakhaan** ธนาคาร 銀行	
販売員	パナッ(ク)ンガーン **phanákŋaan** พนักงาน 従業員	カーイ **khǎai** ขาย 売る	＊常連客は「lûukkháa(カスタマー) pracam」と言い、行きつけのお店は「ráan(店) pracam」と言います。
正社員	パナッ(ク)ンガーン **phanákŋaan** พนักงาน 従業員	プラヂャム **pracam** ประจำ 常に／いつも	＊非正規社員は「phanákŋaan chûakhraaw」、パートタイムは「phanákŋaan pháat thaam」です
公務員	カーラー(ト)チャガーン **khâarâatchakaan** ข้าราชการ 公務員	自営業	トゥラキッ(ト) **thúrákìt** ธุรกิจ ビジネス　　スアントゥア **sùantua** ส่วนตัว 個人的

大学生	ナッ(ク) スッ(ク)サー **nák sùksăa** * นักศึกษา ~をする人　勉学する	学生／ 生徒	ナッ(ク) リアン **nák rian** * นักเรียน ~をする人　学ぶ
歌手	ナッ(ク) ローン(グ) **nák rɔ́ɔŋ** นักร้อง ~をする人　歌う/叫ぶ	俳優	ナッ(ク) サデーン(グ) **nák sadɛɛŋ** นักแสดง ~をする人　演じる
教師	クルー **khruu** ครู 先生／教師	医者	モー **mɔ̆ɔ** หมอ 医者
警察官	タムルアッ(ト) **tamrùat** ตำรวจ 警察官	軍人	タハーン **thahăan** ทหาร 軍人
美容師	チャーン(グ) タッ(ト) ポム **châaŋ tàt phŏm** ช่าง　ตัด　ผม 職人　切る　髪	主婦	メー バーン **mɛ̂ɛ bâan** แม่　บ้าน 母　家
観光客	ナッ(ク) トン(グ)ティアオ **nák thɔ̂ŋthîaw** นักท่องเที่ยว ~をする人　観光する	通訳	ラーム **lâam** ล่าม 通訳者

第**3**章

職業の単語

＊ 「nák sùksăa」は深く掘り下げて学ぶ、専門的に学ぶ人を指します。「nák rian」は学校のほか塾や習い事にも使えます。

 基本文型

主語 ＋ khɯɯ ＋ 名詞
คือ

首都はバンコクです。

ムアン（グ）	ルアン（グ）	クー	グルン（グ）テー（プ）	
mɯaŋ	**lǔaŋ**	**khɯɯ**	**kruŋthêep**	**k**
เมือง	หลวง	คือ	กรุงเทพฯ	
首都		すなわち	バンコク	

🌸 「AすなわちB」のように、AとBが完全に1対1でイコールになる状況を説明する場合の表現は「主語＋khɯɯ＋名詞」です。物を限定する指示詞や一致するものが1つしかないもの、例えば、首都＝○○、社長＝○○などに用います。

これがルームキーです。

ニー	クー	グンヂェー	ホン（グ）	
nîi	**khɯɯ**	**kuncɛɛ**	**hɔ̂ŋ**	**k**
นี่	คือ	กุญแจ	ห้อง	
これ	すなわち	鍵	部屋	

＊ホテルのフロントでルームキーを差し出されるとき、「これ」と「ルームキー」は1対1の関係なので、「khɯɯ」が使われます。

これは何ですか？

ニー　　　　クー　　　　アライ
nîi (khɯɯ) arai k
นี่　　　　คือ　　　　อะไร
これ　　　　すなわち　　　　何

＊ わからないものを尋ねるときは、「khɯɯ」を使います。主語が指示詞の場合は、「khɯɯ」を省略することがよくあります。

これはマンゴスチンです。

ニー　　　マン(グ)クッ(ト)
nîi maŋkhút k
นี่　　　มังคุด
これ　　　マンゴスチン

＊「khɯɯ」が省略されています。タイ語では「nîi（これ）」の代わりに「類別詞 + nîi」という表現をよく用います（96ページ）。「nîi」を使用することもできますが、類別詞を覚えたら「nîi」の代わりに「類別詞 + nîi」を使ってみましょう。

そこがレジです。

ティー　　ナン　　ケッ(ト)チア
thîi nân khɛ́tchia k
ที่　　น่ัน　　แคชเชียร์
場所　　それ　　レジ

＊「khɯɯ」が省略されています。

今日のガイドはミウさんです。

ガイ　　ワン　　ニー　　クー　　クン　　ミウ
kái wan níi khɯɯ khun miw k
ไกด์　　วันนี้　　คือ　　คุณ　　มิว
ガイド　　日　　この　　すなわち　　様／さん　　ミウ

＊主語が指示詞ではないので「khɯɯ」は省略できません。

○○します。（動詞文）
動詞

基本文型　（主語 ＋）動詞 ＋ 目的語

雨が降ります。

フォン　トッ（ク）
fŏn　tòk　k
ฝน　ตก
雨　　　降る、落ちる

🌸　主語の後ろに、主語の説明となる動詞が続きます。「家に帰る」や「物を買う」のように動作の説明が必要なときは、動詞の後ろに場所や目的語を続けます。日本語と同じで主語を省略することがよくあります。

私は家に帰ります。

チャン　ガラッ（ブ）　バーン
chán　klàp　bâan　k
ฉัน　กลับ　บ้าน
私　　戻る／帰る　家

私は買い物をします。

チャン	スー	コーン（グ）	
chán	súɯ	khɔ̌ɔŋ	k
ฉัน	ซื้อ	ของ	
私	買う	物	

私はサイアムで買い物をします。

チャン	スー	コーン（グ）	ティー	サヤーム	
chán	súɯ	khɔ̌ɔŋ	thîi	sayǎam	k
ฉัน	ซื้อ	ของ	ที่	สยาม	
私	買う	物	場所	サイアム	

＊目的語と場所を入れる場合は、まず目的語を入れて動作の説明をします。それから動作を行う場所の説明を後ろに続けます。「thîi」は場所を示すときに使い、「〜で／〜へ／〜に」のような意味です。

パタヤでゴルフをします。

レン	ゴー（プ）	ティー	パッ（ト）タヤー	
lên	kɔ́ɔp	thîi	phátthayaa	k
เล่น	กอล์ฟ	ที่	พัทยา	
プレイする	ゴルフ	場所	パタヤ	

＊「lên」はある一定の決まった場所で遊ぶ（play）という意味で、スポーツやゲームなどと組み合わせて使うことが多いです。「lên keem（ゲームをする）」などです。

行く	パイ → **pai** ไป 行く	来る	マー → **maa** มา 来る
食べる	ギン → **kin** * กิน 食べる	飲む	ドゥーム ↘ **dùɯm** ดื่ม 飲む
買う	スー ↗ **súɯ** ซื้อ 買う	売る	カーイ ↘ **khǎai** ขาย 売る／販売する
学ぶ／ 勉強する	リアン → **rian** เรียน 学ぶ	聞く	ファン（グ） → **faŋ** ฟัง 聞く
（文字を） 書く	キアン ↘ **khǐan** * เขียน 書く	読む	アーン ↘ **àan** อ่าน 読む

＊「kin」は「食べる」という意味ですが、飲み物にも使えます。また、「kin」の丁寧な表現とし「thaan ターン」があります。

＊文字を書くときは「khǐan」を使用しますが、絵などを「描く」ときは「wâatワー（ト）」を使います。

会話する	クイ → khui* คุย 会話する	**見る**	ドゥー → duu ดู 見る
乗り込む、上る、上がる	クン ⌢ khûn ขึ้น 乗り込む	**降りる下りる、下がる**	ロン(グ) → loŋ ลง 降りる
送る	ソン(グ) ↘ sòŋ ส่ง 送る	**受け取る、迎える**	ラッ(ブ) ↗ ráp รับ 受け取る、迎える
予約する	ヂョーン(グ) → cɔɔŋ จอง 予約する	**遊びに行く、出かける、旅行する**	パイ ティアオ → ⌢ pai thîaw ไป เที่ยว 行く 遊ぶ
愛する	ラッ(ク) ↗ rák รัก 愛する	**好む**	チョー(ブ) ⌢ chɔ̂ɔp ชอบ 好む
起きる	トゥーン ↘ tùɯɯn ตื่น 起きる	**寝る**	ノーン → nɔɔn นอน 寝る

＊「会話する」という意味の「話す」は「khui」を使いますが、「言葉を発する」という意味の「話す」は「phûutプー（ト）」を使います。

○○です。(形容詞文)

形容詞

基本
文型
（主語 ＋ ）形容詞

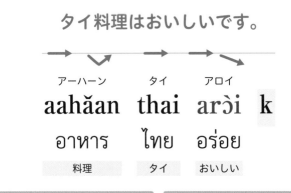

タイ料理はおいしいです。

アーハーン　　タイ　　　アロイ

aahăan thai arɔ̀i k

อาหาร　ไทย　อร่อย

料理　　　タイ　　おいしい

タイ語では説明する語句を後ろに置くため、形容詞を使う際は、名詞の後ろに形容詞が入ります。日本語では「タイは暑いです」のように「…は〜です」となりますが、「すなわち、イコール（khɯɯ）」（→74ページ）や「所属（pen）」（→70ページ）の意味ではないため、「主語＋khɯɯ＋形容詞」、「主語＋pen＋形容詞」とはなりません。

タイ料理はとてもおいしいです。

アーハーン　　タイ　　　アロイ　　　マー(ク)

aahăan thai arɔ̀i mâak k

อาหาร　ไทย　อร่อย　มาก

料理　　　タイ　　おいしい　とても

＊「とても」と強調するときは形容詞の後ろに「mâak」を置きます。

とても楽しいです。

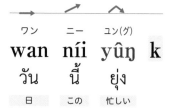

サヌッ(ク)	マー(ク)	
sanùk	**mâak**	**k**
สนุก	มาก	
楽しい	とても	

*「私は」という主語が省略されています。気持ちや状態を表す単語は84ページで紹介しています。

今日は忙しいです。

ワン	ニー	ユン(グ)	
wan	**níi**	**yûŋ**	**k**
วัน	นี้	ยุ่ง	
日	この	忙しい	

*「私は今日忙しい」の「私は」という主語が省略され、日本語と同じように「今日」が主語となっています。

少し暑いです。

ローン	ニッ(ト)	ノイ	
rɔ́ɔn	**nít**	**nɔ̀i**	**k**
ร้อน	นิด	หน่อย	
暑い／熱い	少し	ちょっと	

*よく使う形容詞は82ページで紹介しています。

タイのスターは最高にイケメンです。

ダーラー	タイ	ロー	スッ(ト)	スッ(ト)	
daaraa	**thai**	**lɔ̀ɔ**	**sùt**	**sùt**	**k**
ดารา	ไทย	หล่อ	สุด	ๆ	
スター	タイ	ハンサムな	最も	<繰り返し>	

おいしい	アロイ **arɔ̀i** อร่อย おいしい	まずい （おいしく ない）	マイ　　　アロイ **mâi arɔ̀i** ไม่ อร่อย <否定> おいしい
甘い	ワーン **wǎan** หวาน 甘い	辛い	ペッ（ト） **phèt** เผ็ด 辛い
安い	トゥー（ク） **thùuk** ถูก 安い	（金額が） 高い	ペーン（グ） **phɛɛŋ** แพง 高い
近い	ガライ **klâi** ใกล้ 近い	遠い	ガライ **klai** ไกล 遠い
多い	ヤ **yá** * เยอะ 多い	少ない	ノーイ **nɔ́ɔi** น้อย 少ない

＊「多い」の「yá」は「yá yá」と２回続けて使うことがよくあります。

82

大きい	ヤイ yài ใหญ่ 大きい	小さい	レッ（ク） lék เล็ก 小さい	
速い／ 早い	レオ rew เร็ว 速い／早い	遅い／ ゆっくり	チャー cháa* ช้า 遅い／ゆっくり	
美しい	スアイ sǔai สวย 美しい	清潔な	サアー（ト） sa àat สะอาด 清潔な	
ハンサムな／ イケメンの	ロー lɔ̀ɔ หล่อ ハンサムな	カッコ いい	テー thêe เท่ 格好いい	
かわいい	ナーラッ（ク） nâarák น่ารัก かわいい	冷たい／ 涼しい	イェン yen* เย็น 冷たい／涼しい	
寒い	ナーオ nǎaw หนาว 寒い	暑い／ 熱い	ローン rɔ́ɔn* ร้อน 暑い／熱い	

＊「cháa」は1つで使うと「遅い」という意味に、「cháa cháa」と2つで使うと「ゆっくり」という意味になります。

＊日本語では「あの人は冷たい」「熱い人だ」という表現をしますが、「yen」や「rɔ́ɔn」はそのままでは性格には使いません。「cai（心）」とセットで使い、「cai yen」で「冷静な」、「cai rɔ́ɔn」で「短気な」となります。

うれしい	ディー ヂャイ **dii cai** ดี ใจ 良い　心	悲しい	サオ **sâw** เศร้า 悲しい
楽しい	サヌッ(ク) **sanùk** สนุก 楽しい	つまらない	ナー　ブア **nâa bùua** น่าเบื่อ ～に値する　飽きる/退屈する
満足する	ポー　ヂャイ **phɔɔ cai** พอ ใจ 十分な　心	イライラ する	ングッ(ト) ンギッ(ト) **ŋùt ŋìt** หงุดหงิด イライラする
興味深い	ナー　ソンヂャイ **nâa sŏncai** น่าสนใจ ～に値する　興味を持つ	驚く	トッ(ク) ヂャイ **tòk cai** ตก ใจ 落ちる　心
ドキドキ する	トゥーン　テン **tùɯn tên** ＊ ตื่น เต้น 目覚める　踊る	残念な	スィア ヂャイ **sĭa cai** ＊ เสีย ใจ 壊れる　心

＊ 「tùɯn tên」はときめき、不安のどちらにも使えます。

＊ 「sĭa cai」は心が傷ついて残念なときに使い、あと少し、もう一歩の状態で残念なときは「sĭa daai スィ
ア ダーイ」を使います。

幸せな	ミー mii มี ~がある/いる	クワーム khwaam ความสุข	スッ(ク) sùk 幸せ	感動する	プラタッ(プ) pratháp ประทับ (判を)押す	ヂャイ cai ใจ 心
(性格が) 明るい	ラーラーン(グ) râarəəŋ ร่าเริง 明るい			優しい	ヂャイ cai ใจ 心	ディー dii ดี 良い
人気の ある	ニヨム níyom นิยม 人気のある			真心の ある	ミー mii มี ~がある/いる	ナム ヂャイ náam cai น้ำ ใจ 水 心
勤勉な	カヤン khayăn ขยัน 勤勉な			すごい、 上手な、 秀でた	ゲン(グ) kèŋ เก่ง すごい、上手な、秀でた	
心配になる	ペン pen เป็น ~に属する	フアン(グ) hùaŋ ห่วง 心配になる		礼儀正し い、きち んとした	リアッ(プ) rîap เรียบ 礼儀正しい、きちんとした	ローイ rɔ́ɔi ร้อย
忙しい	ユン(グ) yûŋ ยุ่ง 忙しい			便利な	サドゥアッ(ク) sadùak สะดวก 便利な	

○○しません。／○○ないです。
動詞 　　　　形容詞

3_09
S3_09

基本文型 （主語 ＋）mâi ＋ 動詞／形容詞文
　　　　　　　　　ไม่

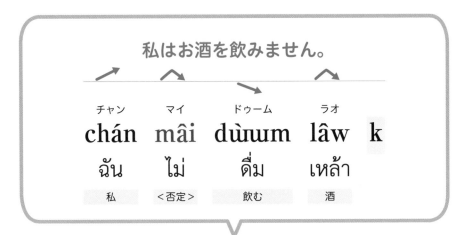

私はお酒を飲みません。

チャン	マイ	ドゥーム	ラオ	
chán	**mâi**	**dùɯɯm**	**lâw**	**k**
ฉัน	ไม่	ดื่ม	เหล้า	
私	<否定>	飲む	酒	

🌸 日本語の否定文では、動詞や形容詞の場合「飲みません」「辛くありません」と言い、名詞の場合は「タイ人ではありません」と言うように、否定の形を使い分けています。タイ語でも動詞や形容詞の文と名詞の文では否定文の表し方が異なります。

パッタイは辛くありません。

パッ(ト)	タイ	マイ	ペッ(ト)	
phàt	**thai**	**mâi**	**phèt**	**k**
ผัด	ไทย	ไม่	เผ็ด	
炒める	タイ（風）	<否定>	辛い	

＊有名なタイ風やきそばパッタイは「phàt thai（タイ風炒め）」と言います。

86

アユタヤへ遊びに行きません。

↗ → ↗ ↗ →

マイ	パイ	ティアオ	アユッ(ト)タヤー	
mâi	pai	thîaw	ayútthayaa	k
ไม่	ไป	เที่ยว	อยุธยา	
<否定>	行く	遊ぶ	アユタヤ	

＊主語が省略されています。「行く、そして遊ぶ」すなわち「遊びに行く」を否定しています。

駅は遠くありません。

→ ↘ ↗ →

サターニー	マイ	ガライ	
sathǎanii	mâi	klai	k
สถานี	ไม่	ไกล	
駅	<否定>	遠い	

＊「sathǎanii」は英語のstationから来ています。

チェンマイはあまり暑くありません。

↗↘ ↗ ↗ ↗

チアン(グ)マイ	マイ	コイ	ローン	
chiaŋmài	mâi	khôi	rɔ́ɔn	k
เชียงใหม่	ไม่	ค่อย	ร้อน	
チェンマイ		あまり〜ない	暑い	

＊「あまり〜ではない」と言う場合は、「mâi」の代わりに「mâi khôi」を使います。

辛い料理はあまり好きではありません。

↗ ↗ ↗ → ↘ ↘

マイ	コイ	チョー(プ)	アーハーン	ペッ(ト)	
mâi	khôi	chɔ̂ɔp	aahǎan	phèt	k
ไม่	ค่อย	ชอบ	อาหาร	เผ็ด	
あまり〜ない		好む	料理	辛い	

○○ではありません。
名詞

基本文型 （主語 ＋ ）mâi châi ＋ 名詞
ไม่　ใช่

私はタイ人ではありません。

チャン	マイ	チャイ	コン	タイ	
chán	**mâi**	**châi**	**khon**	**thai**	**k**
ฉัน	ไม่	ใช่	คน	ไทย	
私	<否定>	そう	人	タイ	

ここでは「mâi châi」を使った否定文を学びます。「〜（名詞）ではありません」と言いたいときに、タイ語では「mâi châi（そうではない）」を使います。「pen」「khɯɯ」（→70・74ページ）の位置に「mâi châi」を置きます。「mâi pen」や「mâi khɯɯ」とはなりません。

この例文の肯定文は「chán pen khon thai k」で、「pen」を使った文です。

私は大学生ではありません。

チャン	マイ	チャイ	ナッ（ク）	スッ（ク）サー	
chán	**mâi**	**châi**	**nák**	**sùksăa**	**k**
ฉัน	ไม่	ใช่	นักศึกษา		
私	<否定>	そう	〜をする人	勉学する	

僕は中国人ではありません。

ポム	マイ	チャイ	コン	ヂーン	
phǒm	mâi	châi	khon	ciin	k
ผม	ไม่	ใช่	คน	จีน	
僕	<否定>	そう	人	中国	

そこは入口ではありません。

ティー	ナン	マイ	チャイ	ターン（グ）	カオ	
thîi	nân	mâi	châi	thaaŋ	khâw	k
ที่	นั่น	ไม่	ใช่	ทาง	เข้า	
場所	それ	<否定>	そう	道／通路	入る	

＊「thaaŋ khâw」で「入口」の意味を表します。

ここはワットポーではありません。

ティー	ニー	マイ	チャイ	ワッ（ト）	ポー	
thîi	nîi	mâi	châi	wát	phoo	k
ที่	นี่	ไม่	ใช่	วัด	โพธิ์	
場所	これ	<否定>	そう	寺院	ポー（菩提）	

この道ではありません。

マイ	チャイ	ターン（グ）	ニー	
mâi	châi	thaaŋ	níi	k
ไม่	ใช่	ทาง	นี้	
<否定>	そう	道／通路	この	

＊タクシーに乗っていて道が違うと感じたときに使えます。

○○しますか？／○○ですか？

動詞　　　　　　　形容詞

基本文型 （主語 ＋ ）動詞／形容詞 ＋ mái
ไหม

タイ料理はおいしいですか？

アーハーン	タイ	アロイ	マイ
aahăan	**thai**	**arɔ̀i**	**mái k**
อาหาร	ไทย	อร่อย	ไหม
料理	タイ	おいしい	＜疑問＞

🌸 「〜mái」は「〜ますか？」「ですか？」というタイ語で最も一般的な疑問の表現で、前提がない場合（内容や予定などがわからない場合やまだ決まっていない場合）に用います。

パクチーが好きですか？

チョー(プ)	パッ(ク)	チー	マイ
chɔ̂ɔp	**phàk**	**chii**	**mái k**
ชอบ	ผักชี		ไหม
好む	パクチー		＜疑問＞

＊「あなたは」などの主語が省略されています。「phàk」は「野菜」の意味です。

Q：タイドラマを見ますか？

ドゥー	ラコーン	タイ	マイ	
duu	**lakhɔɔn**	**thai**	**mái**	**k**
ดู	ละคร	ไทย	ไหม	
見る	ドラマ／劇	タイ	<疑問>	

A：見ます。

ドゥー
duu k
ดู
見る

A：見ません。

マイ　　ドゥー
mâi duu k
ไม่　ดู
<否定>　見る

＊タイ語には「Yes / No」がないため、動詞の疑問文には動詞で答え、形容詞の疑問文には形容詞で答えます。

Q：景色は美しいですか？

ウィウ	スアイ	マイ	
wiw	**sǔai**	**mái**	**k**
วิว	สวย	ไหม	
景色	美しい	<疑問>	

＊「wiw」は英語のviewからきています。

A：美しいです。

スアイ
sǔai k
สวย
美しい

A：美しくありません。

マイ　　スアイ
mâi sǔai k
ไม่　สวย
<否定>　美しい

＊タイ語には「Yes / No」がないため、動詞の疑問文には動詞で答え、形容詞の疑問文には形容詞で答えます。

◯◯でしょう？／ですよね？

句／文

基本
文型

句／文 ＋ châi mái
　　　　　ใช่　　ไหม

300バーツですよね？

サーム	ローイ	バー（ト）	チャイ	マイ	
sǎam	**rɔ́ɔi**	**bàat**	**châi**	**mái**	**k**
๓๐๐		บาท	ใช่	ไหม	
300		バーツ	～でしょう／ですよね		

🌸　「～châi mái」は直訳すると「～でしょう？」「～ですよね？」の意味になります。すでにわかっていることや決まっていることなど、自信のある事柄について念のために確認する場合に使用します。念のために確認をしたい際には、どんな場面でも使用できます。

彼は通訳ですよね？

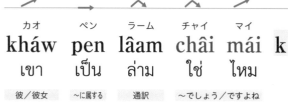

カオ	ペン	ラーム	チャイ	マイ	
kháw	**pen**	**lâam**	**châi**	**mái**	**k**
เขา	เป็น	ล่าม	ใช่	ไหม	
彼／彼女	～に属する	通訳	～でしょう／ですよね		

92

明日はお土産を買うでしょう？

プルン(グ)ニー	スー	コーン(グ)	ファー(ク)	チャイ	マイ	
phrûŋníi	súɯ	khɔ̌ɔŋ	fàak	châi	mái	k
พรุ่งนี้	ซื้อ	ของ	ฝาก	ใช่	ไหม	
明日	買う	お土産		～でしょう／ですよね		

Q：パタヤは楽しいでしょう？

パッ(ト)タヤー	サヌッ(ク)	チャイ	マイ	
phátthayaa	sanùk	châi	mái	k
พัทยา	สนุก	ใช่	ไหม	
パタヤ	楽しい	～でしょう／ですよね		

＊相手に楽しいかどうか、確認するときに言ってみましょう。あとから学びますが、タイ語には時制が
ないため、この文は後日「パタヤは楽しかったでしょう？」と確認するときにも使うことができます。

A：そうです。

チャイ	
châi	k
ใช่	
そう	

A：そうではありません。

マイ	チャイ	
mâi	châi	k
ไม่	ใช่	
<否定>	そう	

＊「châi mái」を使った確認の疑問文は「châi」「mâi châi」で答えるのが一般的です。また、動詞文の
確認の場合には動詞で、形容詞文の確認には形容詞で答えることもできます。

LEVEL UP

辛くないですよね？

マイ	ペッ(ト)	チャイ	マイ	
mâi	phèt	châi	mái	k
ไม่	เผ็ด	ใช่	ไหม	
<否定>	辛い	～でしょう／ですよね		

＊否定文であっても、「châi
mái」を使って確認の文をつ
くることができます。

○○ですか？

文

基本文型

文 ＋ rɯ̌ɯ plàaw
หรือ　เปล่า

Q：トイレに寄りますか（それとも寄りませんか）？

ウェ	ホン（グ）	ナーム	ルー	プラーオ	
wɛ́	hɔ̂ŋ	náam	rɯ̌ɯ	plàaw	k
แวะ	ห้อง	น้ำ	หรือ	เปล่า	
寄る	トイレ		または	否／違う	

🌺　「～rɯ̌ɯ plàaw」は直訳すると「～か否か」「～かそれとも違いますか？」という意味になり、「行くor行かない」など答えをはっきりさせたい場合や、自信がない事柄の確認をしたい場合などに使用します。話し言葉では「rɯ̌ɯ plàaw」を「rɯ́ plàaw」と言うことが多く「動詞／形容詞文」「pen / khɯɯの文」などすべての文に使えます。

A：寄ります。

ウェ	
wɛ́	k
แวะ	
寄る	

＊動詞の疑問文には
動詞で答えます。

A：寄りません。

マイ	ウェ	
mâi	wɛ́	k
ไม่	แวะ	
<否定>	寄る	

Q：辛^{から}いですか（それとも辛くないですか）？

ペッ（ト）　　ル　　プラーオ

phèt rɯ́ plàaw k

เผ็ด　หรือ　เปล่า

辛い　または　否／違う

＊料理が辛いかどうか、尋ねたいときに使えます。

A：辛いです。

ペッ（ト）

phèt k

เผ็ด

辛い

A：辛くありません。

マイ　ペッ（ト）

mâi phèt k

ไม่　เผ็ด

＜否定＞　辛い

＊形容詞の疑問文には形容詞で答えます。

Q：そこは市場ですか（それとも違いますか）？

ティー　ナン　クー　タラー（ト）　ル　プラーオ

thîi nân (khɯɯ) talàat rɯ́ plàaw k

ที่　นั่น　คือ　ตลาด　หรือ　เปล่า

場所　それ　すなわち　市場　または　否／違う

A：そうです。

チャイ

châi k

ใช่

そう

A：そうではありません。

マイ　チャイ

mâi châi k

ไม่　ใช่

＜否定＞　そう

＊動詞、形容詞、「pen / khɯɯ の文」の「rɯ́ plàaw」の疑問文において、「いいえ」のときは「plàaw」で答えることもできます。

この／その／あの○○
名詞

> **基本文型**　名詞 ＋ 類別詞 ＋ níi ／ nán ／ nóon
> นี้　นั้น　โน้น

この料理は100バーツです。

アーハーン	ヂャーン	ニー	ヌン（グ）	ローイ	バー（ト）	
aahǎan	caan	níi	nùŋ	rɔ́ɔi	bàat	k
อาหาร	จาน	นี้	๑๐๐		บาท	
料理	類別詞	この	100		バーツ	

「この〜」という表現を45ページで紹介しましたが、タイ語で「この〜」「その〜」「あの〜」を正しく表す際には、「類別詞」（→46ページ）を用いて「名詞＋類別詞＋níi / nán / nóon」のように表します。

aahǎan níi → aahǎan caan níi
この料理　　　この（一皿の）料理

＊「caan」はお皿に盛られた物に使う類別詞です。

また、前提として何のことについて話しているのかがわかる場合は「名詞＋類別詞＋níi / nán / nóon」の「名詞」を省略して「類別詞＋níi / nán / nóon」だけの形でよく使用します。

aahǎan caan níi → caan níi
この（一皿の）料理　　　これ（この一皿の）

このコーヒーはいい香りです。

ガーフェー	トゥアイ	ニー	ホーム	
kaafɛɛ	**thûai**	**níi**	**hɔ̌ɔm**	**k**
กาแฟ	ถ้วย	นี้	หอม	
コーヒー	類別詞	この	いい香り	

＊「thûai」はカップなどに
入った物に使う類別詞です
（→46ページ）。

そのソムタムは辛いです。

ソムタム	ヂャーン	ナン	ペッ(ト)	
sômtam	**caan**	**nán**	**phèt**	**k**
ส้มตำ	จาน	นั้น	เผ็ด	
ソムタム	類別詞	その	辛い	

＊「ソムタム」は青いパパイ
ヤのサラダでタイの有名な
料理のひとつです。

このタレントが好きです。

チョー(プ)	ダーラー	コン	ニー	
chɔ̂ɔp	**daaraa**	**khon**	**níi**	**k**
ชอบ	ดารา	คน	นี้	
好む	スター	類別詞	この	

＊「khon」は人に対して使う
類別詞です（→46ページ）。

――この人、とてもかわいいですよね。

コン	ニー	ナーラッ(ク)	マー(ク)	
khon	**níi**	**nâarák**	**mâak**	**k**
คน	นี้	น่ารัก	มาก	
類別詞	この	かわいい	とても	

＊上の例文で「daaraa」とい
う言葉が出て前提となって
いるため、この会話では
「daaraa」が省略されます。

○○するつもりです。
動詞

基本文型

（主語 ＋ ）cà ＋ 動詞
　　　　　　จะ

私はサムイ島へ行くつもりです。

チャン	ヂャ	パイ	ゴ	サムイ	
chán	**cà**	**pai**	**kɔ̀**	**samǔi**	**k**
ฉัน	จะ	ไป	เกาะ	สมุย	
私	<意思/予定>	行く	島	サムイ	

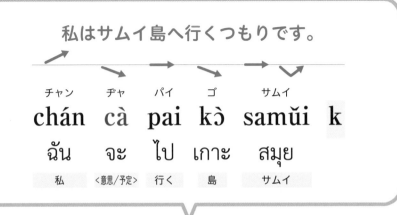

タイ語には「〜する予定、〜するつもり、〜するぞ」のような意味で、動作に対して気持ちを込めたり、行動の意思を示したり、意図的にその行為を行うことを表す「cà＋動詞」という表現があります。これから行う予定がある動作は意図的に行うことが多いため、「cà」をよく使います。

また、「雨が降る」など、これから起こる可能性が非常に高いことにも使用します。否定文でも「cà」を使うことはできますが、その場合、「〜しないぞ」のように「意図的に何かをしない、〜しないつもり」という意味を含みます。そのため、否定文の場合はこれから行う事柄でも「cà」を用いないことがよくあります。このように、「cà」はあくまで意思表示であり、未来を表す表現ではないので注意しましょう。

毎日タイ語を勉強するつもりです。

トゥッ(ク)	ワン	ヂャ	リアン	パーサー	タイ	
thúk	**wan**	**cà**	**rian**	**phaasǎa**	**thai**	**k**
ทุก	วัน	จะ	เรียน	ภาษา	ไทย	
すべて	日	<意/予>	学ぶ	～語、言葉	タイ	

明日は遅刻しないつもりです。

プルン(グ)ニー	ヂャ	マイ	パイ	サーイ	
phrûŋníi	**cà**	**mâi**	**pai**	**sǎai**	**k**
พรุ่งนี้	จะ	ไม่	ไป	สาย	
明日	<意/予>	<否定>	行く	遅れる	

＊「行かない」のように否定の意思を表すときは、「mâi + 動詞」の前に「cà」を置きます。

夕方には雨が降ります。

トーン	イェン	フォン	ヂャ	トッ(ク)	
tɔɔn	**yen**	**fǒn**	**cà**	**tòk**	**k**
ตอน	เย็น	ฝน	จะ	ตก	
	夕方	雨	<意/予>	降る、落ちる	

＊「fǒn tòk（雨が降る）」は「tòk」が
動詞なのでその前に「cà」を置きま
す。

明日は学校に行きません。

プルン(グ)ニー	マイ	パイ	ローン(グ)	リアン	
phrûŋníi	**mâi**	**pai**	**rooŋ**	**rian**	**k**
พรุ่งนี้	ไม่	ไป	โรงเรียน		
明日	<否定>	行く	学校		

＊この文は、「明日は授業がないので、学校へ行かない」という意味になります。これに「cà」
がついて「phrûŋníi cà mâi pai rooŋ rian」になると、「明日は授業があるが、意図的に
学校を休む」という意味になります。このように、未来の内容でも意図的ではない場合
は「cà」を入れる必要がありません。

○○しません でした。
動詞

基本文型 （主語 ＋ ）mâi dâi ＋ 動詞
ไม่　ได้

今朝はご飯を食べませんでした。

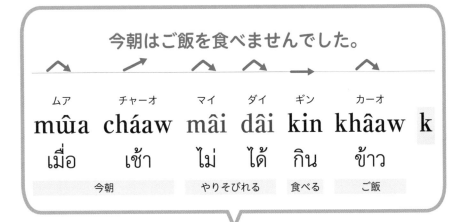

ムア	チャーオ	マイ	ダイ	ギン	カーオ	
mûa	**cháaw**	**mâi**	**dâi**	**kin**	**khâaw**	**k**
เมื่อ	เช้า	ไม่	ได้	กิน	ข้าว	
今朝		やりそびれる	食べる	ご飯		

過去の否定文には「mâi dâi」を使うことが多いです。

タイ語には、動詞の過去時制がないため、通常、過去のことを表すには「昨日」「去年」など、過去を表す言葉を使い「昨日ご飯を食べる」のように表現します。ところが過去の否定文になると、「mâi」だけでなく、「dâi」を組み合わせて「mâi dâi」と言います。

去年は旅行に行きませんでした。

ピー	ティーレーオ	マイ	ダイ	パイ	ティアオ	
pii	**thîilέεw**	**mâi**	**dâi**	**pai**	**thîaw**	**k**
ปีที่แล้ว		ไม่	ได้	ไป	เที่ยว	
去年		やりそびれる	行く	遊ぶ		

昨日はマッサージへ行きませんでした。

ムアワーンニー	マイ	ダイ	パイ	ヌアッ(ト)	
mûawaanníi	mâi	dâi	pai	nûat	k
เมื่อวานนี้	ไม่	ได้	ไป	นวด	
昨日	やりそびれる		行く	マッサージ	

LEVEL UP

店が閉まっていたので、買えませんでした。

ラーン	ピッ(ト)	ゴー	ラーイ	マイ	ダイ	スー	
ráan	pìt	kɔ̂ɔ	ləəi	mâi	dâi	súɯ	k
ร้าน	ปิด	ก็	เลย	ไม่	ได้	ซื้อ	
店	閉まる	その結果		やりそびれる		買う	

＊「kɔ̂ɔ ləəi」は、「その結果／だから」という意味で節をつなぐ語句です。店が閉まっていた結果が後ろに続き、「買えなかった」という過去を表しています。過去時制ではありませんが、状況的に過去であることをくみ取っているのです。

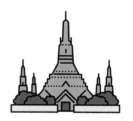

Advice 「dâi」とは何か

「mâi dâi」の「dâi」は、「もらう／機会を得る」などの意味をもっています。その否定なので「mâi dâi」で「～やりそびれる、する機会を逃す」という意味になります。過去に「何かをしなかった」という場面では、「予定があったのにできなかった」「そのつも りだったのにしそびれた」ということがほとんどなので「mâi dâi～」で、「～をやりそびれた、機会を逃した」のような意味を表しています。そのため過去の否定文では「mâi dâi＋動詞」の形を用います。

第**3**章 ○○しませんでした。

101

◯◯をください。
名詞

基本
文型

khɔ̌ɔ ＋ 名詞（＋ nɔ̀i）
ขอ 　　　　　　　　 หน่อย

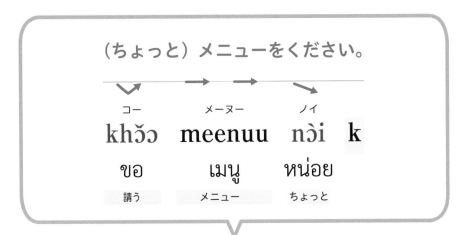

（ちょっと）メニューをください。

コー　　　　メーヌー　　　ノイ
khɔ̌ɔ　meenuu　nɔ̀i　k
ขอ　　　　เมนู　　　　หน่อย
請う　　　メニュー　　ちょっと

料理の注文や買い物の際に「khɔ̌ɔ〜」を使います。また、日本語で表現を和らげるために「ちょっと〜をください」と言うように、タイ語でもよく、「nɔ̀i（ちょっと）」と一緒に使われます。注文の数量と品数が多くなると「ちょっと」という感覚ではなくなるため「nɔ̀i」を使わなくなります。

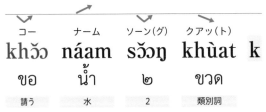
水を2本ください。

コー　　　ナーム　　　ソーン(グ)　クアッ(ト)
khɔ̌ɔ　náam　sɔ̌ɔŋ　khùat　k
ขอ　　　น้ำ　　　๒　　　ขวด
請う　　　水　　　2　　　類別詞

＊いくつか注文をしたい場合は「khɔ̌ɔ〜＋数字＋類別詞」の順で言います。「nɔ̀i」が省略されています。

関連単語 「名詞」の部分に入れて使ってみましょう。

スプーン	チョーン chɔ́ɔn ช้อน	**フォーク**	ソーム sɔ̂ɔm ส้อม
ナイフ	ミー（ト） mîit มีด	**お箸**	タギアッ（プ） takìap ตะเกียบ
取り皿	ヂャーン　ベン（グ） caan bɛ̀ŋ * จาน　แบ่ง	**コップ、 グラス**	ゲーオ kɛ̂ɛw แก้ว
これ	ニー nîi นี่	**蚊取り線香**	ヤー　ガン　ユン（グ） yaa kan yuŋ * ยา　กัน　ยุง
ティッシュ、 紙ナプキン	ティッ（ト）チュー thítchûu ทิชชู	**領収書**	バイセッ（ト） baisèt ใบเสร็จ

＊「取り皿」は「caan（皿）＋ bɛ̀ŋ（別）」から成っています。
＊「蚊取り線香」の「yaa」は「薬」の意味です。

食堂の紙ナプキン

タイの食堂には、口をふいたり少しこぼれた水をふき取ったりするための紙ナプキンはあまり置かれていません。その代わり、普通のティッシュペーパーやトイレットペーパーがテーブルに置いてあり、それを使います。ティッシュペーパー、トイレットペーパーのどちらも「thítchûu（ティッシュ）」と言います。

○○していただけますか？

動詞（句）

基本文型

chûai ＋ 動詞（句）＋ nɔ̀i dâi mái
ช่วย　　　　　　　　　　　หน่อย ได้ ไหม

（ちょっと）写真を撮っていただけますか？

チュアイ	ターイ	ルー（プ）	ノイ	ダイ	マイ	
chûai	**thàai**	**rûup**	**nɔ̀i**	**dâi**	**mái**	**k**
ช่วย	ถ่าย	รูป	หน่อย	ได้	ไหม	
手伝う	写す	写真	ちょっと	＜可能＞	＜疑問＞	

相手に依頼をして何か手伝ってほしい場合に「chûai～nɔ̀i」という表現を使います。ただし「chûai～nɔ̀i」だけだと「ちょっと～を手伝ってください（～してください）」と相手に一方的にお願いをする形になるため、親しい間柄でなければ、「dâi mái」を一緒に使って「お願いしても可能かどうか」と尋ねる丁寧な表現を使います。

（ちょっと）タクシーを呼んでいただけますか？

チュアイ	リアッ（ク）	テッ（ク）シー	ノイ	ダイ	マイ	
chûai	**rîak**	**thɛ́ksîi**	**nɔ̀i**	**dâi**	**mái**	**k**
ช่วย	เรียก	แท็กซี่	หน่อย	ได้	ไหม	
手伝う	呼ぶ	タクシー	ちょっと	＜可能＞	＜疑問＞	

（ちょっと）エアコンを弱めていただけますか？

チュアイ	リー	エー	ノイ	ダイ	マイ	
chûai	rìi	εε	nɔ̀i	dâi	mái	k
ช่วย	หรี่	แอร์	หน่อย	ได้	ไหม	
手伝う	弱める	エアコン	ちょっと	＜可能＞	＜疑問＞	

もっとゆっくり運転していただけますか？

チュアイ	カッ(プ)	チャー	チャー	ノイ	ダイ	マイ	
chûai	khàp	cháa	cháa	nɔ̀i	dâi	mái	k
ช่วย	ขับ	ช้า	ๆ	หน่อย	ได้	ไหม	
手伝う	運転する	ゆっくり	＜繰り返し＞	ちょっと	＜可能＞	＜疑問＞	

関連単語　「動詞（句）」の部分に入れて使ってみましょう。

補給する		包む	紹介する、すすめる
ターム təəm เติม	＊「おかわり」 の意味で使 えます。	ホー hɔ̀ɔ ห่อ	ネナム nɛ́nam แนะนำ
送っていく		**迎えにくる**	**取り分ける**
バイ　ソン(グ) pai sòŋ ＊ ไป ส่ง		マー　ラッ(プ) maa ráp ＊ มา รับ	ベン(グ) bɛ̀ŋ แบ่ง
待つ		**変更する**	**急ぐ**
ロー rɔɔ รอ		プリアン plìan เปลี่ยน	リー(プ) rîip รีบ

＊「送っていく」は、移動して送り届けるので「pai（行く）」「sòŋ（送る）」の順になります。

＊「迎えにくる」は、来て迎えるので「maa（来る）」「ráp（迎える）」の順になります。

第**3**章

○○していただけますか？

◯◯させてくださいますか？

動詞（句）

 基本文型　**khɔ̌ɔ ＋ 動詞（句） ＋ nɔ̀i dâi mái**
　　　　　ขอ　　　　　　　　　　　　　หน่อย ได้ ไหม

（ちょっと）写真を撮らせてくださいますか？

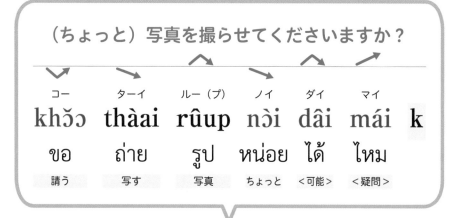

コー	ターイ	ルー（プ）	ノイ	ダイ	マイ	
khɔ̌ɔ	**thàai**	**rûup**	**nɔ̀i**	**dâi**	**mái**	**k**
ขอ	ถ่าย	รูป	หน่อย	ได้	ไหม	
請う	写す	写真	ちょっと	<可能>	<疑問>	

🌸　「（ちょっと）～させてください」と自分がやりたいことをお願いする場合に「khɔ̌ɔ＋動詞＋nɔ̀i」という表現を使います。しかし、これだけだと一方的なお願いになるため、「dâi mái」を一緒に使い「～させてくださいますか」「～してもいいですか」と尋ねる丁寧な表現を使います。

（ちょっと）トイレを使わせてくださいますか？

コー	チャイ	ホン（グ）	ナーム	ノイ	ダイ	マイ	
khɔ̌ɔ	**chái**	**hɔ̂ŋ**	**náam**	**nɔ̀i**	**dâi**	**mái**	**k**
ขอ	ใช้	ห้อง	น้ำ	หน่อย	ได้	ไหม	
請う	使う	トイレ		ちょっと	<可能>	<疑問>	

鞄を預けさせてくださいますか？

コー	ファー(ク)	ガラパオ	ノイ	ダイ	マイ
khɔ̌ɔ	fàak	krapǎw	nɔ̀i	dâi	mái k
ขอ	ฝาก	กระเป๋า	หน่อย	ได้	ไหม
請う	預ける	鞄	ちょっと	<可能>	<疑問>

（ちょっと）考えさせてくださいますか？

コー	キッ(ト)	ノイ	ダイ	マイ
khɔ̌ɔ	khít	nɔ̀i	dâi	mái k
ขอ	คิด	หน่อย	ได้	ไหม
請う	考える	ちょっと	<可能>	<疑問>

関連単語 「動詞（句）」の部分に入れて使ってみましょう。

試す	座る	置く
ローン(グ)	ナン(グ)	ワーン(グ)
lɔɔŋ	nâŋ	waaŋ
ลอง	นั่ง	วาง

味見する	寄る	借りる
チム	ウェ	ユーム
chim	wɛ́	yɯɯm
ชิม	แวะ	ยืม

レンタルする	休憩する	LINE を交換する
チャオ	パッ(ク)	レー(ク) ラーイ
châw	phák	lɛ̂ɛk laai
เช่า	พัก	แลก ไลน์

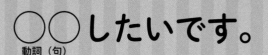 **○○したいです。**

動詞（句）

基本
文型
（主語 ＋）yàak (cà) ＋ 動詞（句）
　　　　　　อยาก　จะ

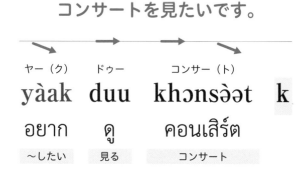

コンサートを見たいです。

ヤー（ク）	ドゥー	コンサー（ト）	
yàak	**duu**	**khɔnsə̀ət**	**k**
อยาก	ดู	คอนเสิร์ต	
〜したい	見る	コンサート	

 「〜したい」という場合に「yàak ＋動詞」という表現を使います。「yàak」と「動詞」の間に「意思／予定」を表す「cà」を入れて「yàak cà ＋動詞」の形で表すこともあります。否定文は「mâi」を用いて「mâi yàak」の形になります。疑問文はニュアンスに合わせて「mái」（→90ページ）、「châi mái」（→92ページ）、「rɯ̌ɯ plàaw」（→94ページ）などを文末につけます。

水上マーケットに行きたいです。

ヤー（ク）	パイ	タラー（ト）	ナーム	
yàak	**pai**	**talàat**	**náam**	**k**
อยาก	ไป	ตลาด	น้ำ	
〜したい	行く	市場	水	

お土産を買いたいです。

ヤー(ク)　スー　コーン(グ)　ファー(ク)

yàak sɯ́ɯ khɔ̌ɔŋ fàak k

อยาก　ซื้อ　ของ　ฝาก

~したい　買う　物　預ける

＊「khɔ̌ɔŋ（物）fàak（預ける）」で「お土産」の意味を表します。

GMMのグッズを買いたいです。

ヤー(ク)　スー　グー(ト)　ヂー　エム　エム

yàak sɯ́ɯ kúut cii em em k

อยาก　ซื้อ　กู๊ดส์　จีเอ็มเอ็ม

~したい　買う　グッズ　GMM

関連単語　見たいもの、行きたい場所、買いたいものを言ってみましょう。

エメラルド寺院	ムエタイ	タイ舞踊
ワッ(ト)　プラ　ゲーオ **wát phrá kɛ̂ɛw** วัด　พระ　แก้ว	ムアイ　タイ **muai thai** มวย　ไทย	ラム　タイ **ram thai** รำ　ไทย
ビーチ	**スパ（エステ）**	**マッサージ**
ハー(ト) **hàat** หาด	サパー **sapaa** สปา	ヌアッ(ト) **nûat** นวด
果物		**タイのお菓子**
ポン ラ マーイ **phǒnlamáai** ผลไม้		カノム　タイ **khanǒm thai** ขนม　ไทย

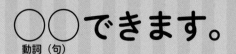 ○○できます。
動詞（句）

基本
文型

（主語 ＋）動詞（句）＋ dâi
ได้

タイ語を話すことができます。

プー（ト）	パーサー	タイ	ダイ	
phûut	**phaasǎa**	**thai**	**dâi**	**k**
พูด	ภาษา	ไทย	ได้	
言う／話す	言葉	タイ	<可能>	

可能かどうかを表す際には「dâi」という表現を使います。可能な場合は「動詞＋dâi」、不可能な場合は「動詞＋mâi dâi」です。疑問文は「動詞＋dâi mái」ですが、「mái」の代わりに「châi mái」「rɯ́ɯ plàaw」なども使えます。

タイ語を話すことができません。

プー（ト）	パーサー	タイ	マイ	ダイ	
phûut	**phaasǎa**	**thai**	**mâi**	**dâi**	**k**
พูด	ภาษา	ไทย	ไม่	ได้	
言う／話す	言葉	タイ	<否定>	<可能>	

タイ語を読むことができますか？

アーン	パーサー	タイ	ダイ	マイ
àan	phaasăa	thai	dâi	mái	k
อ่าน	ภาษา	ไทย	ได้	ไหม	
読む	言葉	タイ	＜可能＞	＜疑問＞	

関連単語 「動詞（句）」の部分に入れて使ってみましょう。

辛い物を食べる

ギン	ペッ（ト）
kin	phèt
กิน	เผ็ด
食べる	辛い

パクチーを食べる

ギン	パッ（ク）	チー
kin	phàk chii	
กิน	ผักชี	
食べる	パクチー	

歩いて行く

ダーン	パイ
dəən	pai
เดิน	ไป
歩く	行く

予約する

ヂョーン（グ）
cɔɔŋ
จอง
予約する

キャンセルする

ヨッ（ク）	ラー（ク）
yók	lə̂ək
ยก	เลิก
キャンセルする	

入る

カオ
khâw
เข้า
入る

スマホ決済する

サゲーン	ヂャーイ
sakɛɛn	càai
สแกน	จ่าย
スキャン	支払う

カードを使う

チャイ	バッ（ト）	クレーディッ（ト）
chái	bàt	khreedìt
ใช้	บัตร	เครดิต
使う	クレジットカード	

返品する

クーン	スィンカー
khɯɯn	sĭnkháa
คืน	สินค้า
返す	製品

返金する

クーン	ンガン
khɯɯn	ŋən
คืน	เงิน
返す	お金

＊2023年7月現在、タイの銀行口座と電話番号がないとスマホ決済ができません。

○○があります。／います。
名詞

基本文型

mii ＋ 名詞
มี

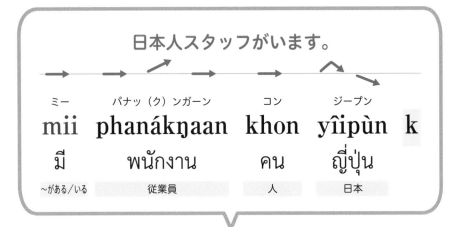

日本人スタッフがいます。

ミー	パナッ（ク）ンガーン	コン	ジープン	k
mii	**phanákŋaan**	**khon**	**yîipùn**	
มี	พนักงาน	คน	ญี่ปุ่น	
～がある/いる	従業員	人	日本	

日本語では無生物と生物を区別し、「あります」「います」と言葉を使い分けますが、タイ語ではその区別はありません。「～がある／いる」のように物の有無や所有を表すには「mii～」という表現を使います。「～がない／いない」の場合は「mâi mii～」と言います。疑問文の場合は、ニュアンスに合わせて「mái」「châi mái」「rǔɯ plàaw」を語尾につけます。

日本人スタッフがいますか？

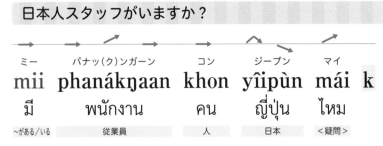

ミー	パナッ（ク）ンガーン	コン	ジープン	マイ	k
mii	**phanákŋaan**	**khon**	**yîipùn**	**mái**	
มี	พนักงาน	คน	ญี่ปุ่น	ไหม	
～がある/いる	従業員	人	日本	＜疑問＞	

新品はありますか？

ミー	コーン（グ）	マイ	マイ	
mii	khɔ̌ɔŋ	mài	mái	k
มี	ของ	ใหม่	ไหม	
~がある/いる	物	新しい	<疑問>	

＊この文には「この店には」という主語が隠れていて、「(この店には) 新品がありますか？」が正確な訳です。

Lサイズはありません。

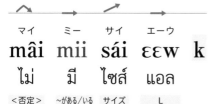

マイ	ミー	サイ	エーウ	
mâi	mii	sái	ɛɛw	k
ไม่	มี	ไซส์	แอล	
<否定>	~がある/いる	サイズ	L	

＊「sái〜」で〜サイズと表せます。

＊この文には「この店には」という主語が隠れていて、「(この店には) Lサイズがありません」が正確な訳です。

Q：このようなのはありますか？

ミー	ベー（プ）	ニー	マイ	
mii	bɛ̀ɛp	níi	mái	k
มี	แบบ	นี้	ไหม	
~がある/いる	型	この	<疑問>	

＊この文には「この店には」という主語が隠れていて、「(この店には) このようなのがありますか？」が正確な訳です。

A：あります。

ミー	
mii	k
มี	
~がある/いる	

A：ありません。

マイ	ミー	
mâi	mii	k
ไม่	มี	
<否定>	~がある/いる	

○○にあります。／います。
場所

基本
文型

主語 ＋ yùu ＋ 場所
อยู่

客室は5階にあります。

ホン（グ）	パッ（ク）	ユー	チャン	ハー	
hɔ̂ŋ	**phák**	**yùu**	**chán**	**hâa**	**k**
ห้อง	พัก	อยู่	ชั้น	๕	
客室		～にある／いる	階	5	

ここでは「～にある／いる」のように、どこにあるか場所を表す「（主語）＋ yùu ＋場所」について学習します。「（場所）にない／いない」の場合は「mâi yùu ＋場所」になります。

スーパーは地階にあります。

スッ（プ）パー		ユー	チャン	ターイ	ディン	
súppə̂ə		**yùu**	**chán**	**tâai**	**din**	**k**
ซุปเปอร์		อยู่	ชั้น	ใต้	ดิน	
スーパー		～にある／いる	階	地下		

＊「chán～」で「～階」を表します。この文のスーパーは食料品売り場のことです。

114

トイレはどこにありますか？

ホン(グ)	ナーム	ユー	ティー	ナイ	
hɔ̂ŋ	náam	yùu	thîi	nǎi	k
ห้อง	น้ำ	อยู่	ที่	ไหน	
	トイレ	～にある/いる	場所	どの	

両替所は路地の突き当たりにあります。

ティー	レー(ク)	ンガン	ユー	スッ(ト)	ソーイ	
thîi	lɛ̂ɛk	ŋən	yùu	sùt	sɔɔi	k
ที่	แลก	เงิน	อยู่	สุด	ซอย	
場所	替える	お金	～にある/いる	突き当たり	路地	

エレベーターは階段の横にあります。

リッ(プ)	ユー	カーン(グ)	バンダイ	
líp	yùu	khâaŋ	bandai	k
ลิฟต์	อยู่	ข้าง	บันได	
エレベーター	～にある/いる	横/隣	階段	

関連単語

○○の前	○○の反対側		○○の裏/後ろ
ナー	トロン(グ)	カーム	ラン(グ)
nâa ○○	troŋ	khâam ○○	lǎŋ ○○
หน้า	ตรง	ข้าม	หลัง

○○が好きです。
名詞／動詞（句）

基本文型 （主語 ＋）**chɔ̂ɔp** ＋ 名詞／動詞（句）
ชอบ

タイが好きです。

チョー（プ）	ムアン（グ）	タイ	
chɔ̂ɔp	**mɯaŋ**	**thai**	**k**
ชอบ	เมือง	ไทย	
好む	町／都市／国	タイ	

＊「私は」などの主語が省略されています。

 「好き」という感情を表すには、「chɔ̂ɔp」という表現を使います。後ろには、名詞のほか形容詞（句）、動詞（句）などが続きます。

タイドラマを見るのが好きです。

チョー（プ）	ドゥー	ラコーン	タイ	
chɔ̂ɔp	**duu**	**lakhɔɔn**	**thai**	**k**
ชอบ	ดู	ละคร	ไทย	
好む	見る	ドラマ／劇	タイ	

＊「私は」などの主語が省略されています。「ドラマを見る」のような動詞句も使えます。

116

関連単語　「名詞／動詞（句）」の部分に入れて使ってみましょう。

タイ料理	シーフード料理	スイーツ
アーハーン　タイ **aahǎan　thai** อาหาร　ไทย 料理　タイ	アーハーン　タレー **aahǎan　thalee** อาหาร　ทะเล 料理　海	コーン（グ）　ワーン **khɔ̌ɔŋ　wǎan** ของ　หวาน 物　甘い

タイの曲	世界遺産	海
プレーン（グ）　タイ **phleeŋ　thai** เพลง　ไทย 曲　タイ	モーラドッ（ク）　ロー（ク） **mɔɔradòk　lôok** มรดก　โลก 遺産　世界	タレー **thalee** ทะเล 海

買い物をする	踊る
スー　コーン（グ） **sɯ́ɯ　khɔ̌ɔŋ** ซื้อ　ของ 買う　物	テン **tên** เต้น 踊る

遺跡を見る	山に遊びに行く
ドゥー　ボーラーンサターン **duu　booraansathǎan** ดู　โบราณสถาน 見る　遺跡	パイ　ティアオ　プーカオ **pai　thîaw　phuukhǎw** ไป　เที่ยว　ภูเขา 行く　遊ぶ　山

映画を見る	お酒を飲む
ドゥー　ナン（グ） **duu　nǎŋ** ดู　หนัง 見る　映画	ドゥーム　ラオ **dɯ̀ɯm　lâw** ดื่ม　เหล้า 飲む　酒

相手に質問する場合は
「chɔ̂ɔp ～ mái」の
形になります。

117

もう○○しました。
動詞

基本
文型

（主語 ＋）動詞 ＋ lέεw
　　　　　　　　　　 แล้ว

もう予約しました。

ヂョーン（グ）　　レーオ

cɔɔŋ　lέεw　k

จอง　　　แล้ว

予約する　　もう

＊主語が省略されています。

 日本語の「もう〜」のように完了を表す場合に、「〜lέεw」という表現を使用します。「lέεw」は「もう〜」という完了を表す表現で、過去形ではありません。

もう連絡しました。

ティッ（ト）　トー　レーオ

tìt　tɔ̀ɔ　lέεw　k

ติด　ต่อ　แล้ว

連絡する　　もう

もう写真をアップしました。

アッ(プ)	ルー(プ)	レーオ	
áp	rûup	lέεw	k
อัป	รูป	แล้ว	
アップする	写真	もう	

LEVEL UP

もう（すぐ）会社へ到着します。

ヂャ	トゥン(グ)	ボーリサッ(ト)	レーオ	
cà	thɯ̆ŋ	bɔɔrisàt	lέεw	k
จะ	ถึง	บริษัท	แล้ว	
<意思/予定>	到着する	会社	もう	

＊「もう（すぐ）〜を終わらせるぞ」とこれから完了させる場合には「cà〜lέεw」の形で使うこともできます。

関連単語　「動詞」の部分に入れて使ってみましょう。

ご飯を食べる（食事する）		お腹がすく		お腹がいっぱいになる
ギン	カーオ	ヒウ	カーオ	イム
kin	khâaw	hĭw	khâaw	ìm
กิน	ข้าว	หิว	ข้าว	อิ่ม

酔う	注文する	お金を払う	
マオ	サン(グ)	ヂャーイ	ンガン
maw	sàŋ	càai	ŋən
เมา	สั่ง	จ่าย	เงิน

タクシーを呼ぶ		キャンセルする		疲れる
リアッ(ク)	テッ(ク)シー	ヨッ(ク)	ラー(ク)	ヌアイ
rîak	thέksîi	yók	lə̂ək	nɯ̀ai
เรียก	แท็กซี่	ยก	เลิก	เหนื่อย

119

まだ◯◯しません。
動詞

基本文型

yaŋ mâi ＋ 動詞
ยัง ไม่

まだ寝ません。

ヤン（グ）　マイ　　ノーン

yaŋ mâi nɔɔn k
ยัง ไม่ นอน

まだ　　<否定>　　寝る

＊主語が省略されています。

これから（将来）行う予定があったり、行う意欲があるが今の時点ではまだその行為を行わず、あとで行うという場合には、「まだ」という意味の「yaŋ」と否定の「mâi」を組み合わせて「yaŋ mâi～」（まだ～しません）という表現を使います。

まだ帰りません。

ヤン（グ）　マイ　　ガラップ

yaŋ mâi klàp k
ยัง ไม่ กลับ

まだ　　<否定>　　帰る

まだ行きません。

ヤン（グ）	マイ	パイ	
yaŋ	mâi	pai	k
ยัง	ไม่	ไป	
まだ	＜否定＞	行く	

第**3**章 まだ○○しません。

LEVEL UP ....

まだチケットを予約していません。

ヤン（グ）	マイ	ダイ	ヂョーン（グ）	トゥア	
yaŋ	mâi	dâi	cɔɔŋ	tŭa	k
ยัง	ไม่	ได้	จอง	ตั๋ว	
まだ	＜否定＞	機会を得る	予約する	チケット	

＊これまでに「やるつもり（予定）」だった行為を行わなかった場合は、「yaŋ」と100ページで学んだ「mâi dâi（やりそびれる）」を組み合わせて「yaŋ mâi dâi～」（まだ～をしていない）という表現を使います。

まだご飯を食べていません。

ヤン（グ）	マイ	ダイ	ギン	カーオ	
yaŋ	mâi	dâi	kin	khâaw	k
ยัง	ไม่	ได้	กิน	ข้าว	
まだ	＜否定＞	機会を得る	食べる	ご飯	

Advice 日本語と異なる「～していません」

日本語では「まだお腹がすいていない」「まだ酔っていない」「まだ起きていない」のように意図的に行うことができない行為にも「～していません」という表現を使いますが、タイ語では使えません。

× yaŋ mâi dâi hǐw k
〇 yaŋ mâi hǐw k
（まだお腹がすきません）
× yaŋ mâi dâi ìm k
〇 yaŋ mâi ìm k
（まだお腹がいっぱいになりません）

もう○○しましたか？
動詞（句）

基本文型 動詞（句） ＋ lɛ́ɛw rǔɯ yaŋ
แล้ว หรือ ยัง

もうご飯を食べましたか？

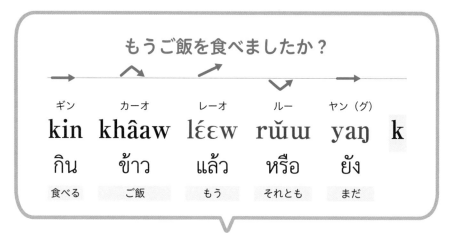

ギン	カーオ	レーオ	ルー	ヤン（グ）	
kin	**khâaw**	**lɛ́ɛw**	**rǔɯ**	**yaŋ**	**k**
กิน	ข้าว	แล้ว	หรือ	ยัง	
食べる	ご飯	もう	それとも	まだ	

「もう〜しましたか」のように、行為がこれまでに完了しているかどうか
を尋ねる際に「lɛ́ɛw rǔɯ yaŋ」を使います。「その行為が完了している」
という場合には「動詞＋lɛ́ɛw」で、「その行為が完了していない」という場合に
は「yaŋ mâi dâi＋動詞」で答えます。

もうご飯を注文しましたか？

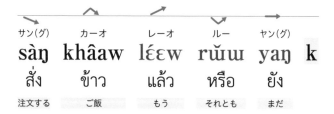

サン（グ）	カーオ	レーオ	ルー	ヤン（グ）	
sàŋ	**khâaw**	**lɛ́ɛw**	**rǔɯ**	**yaŋ**	**k**
สั่ง	ข้าว	แล้ว	หรือ	ยัง	
注文する	ご飯	もう	それとも	まだ	

ビールを注文しましたか？

サン(グ)　ビア　ルー　ヤン(グ)
sàŋ bia rɯ̌ɯ yaŋ k
สั่ง เบียร์ หรือ ยัง

注文する　ビール　それとも　まだ

＊「～lɛ́ɛw rɯ̌ɯ yaŋ」という疑問文を学習しましたが、会話の中では「lɛ́ɛw」を省略して「rɯ̌ɯ yaŋ」だけで使うことがよくあります。

第3章

もう○○しましたか？

Q：チェックアウトしましたか？

チェッ(ク)　アオ　ル　ヤン(グ)
chék áw rɯ́ yaŋ k
เช็ก เอาท์ หรือ ยัง

チェックアウトする　それとも　まだ

＊「rɯ́ plàaw」（→94ページ）と同じで「rɯ̌ɯ」を短く発音して「rɯ́ yaŋ」と言うこともできます。

A：チェックアウトしました。

チェッ(ク)　アオ　レーオ
chék áw lɛ́ɛw k
เช็ก เอาท์ แล้ว

チェックアウトする　もう

A：まだチェックアウトしていません。

ヤン(グ)　マイ　ダイ　チェッ(ク)　アオ
yaŋ mâi dâi chék áw k
ยัง ไม่ ได้ เช็ก เอาท์

まだ　＜否定＞　機会を得る　チェックアウトする

Advice 知っておこう！－タイのあいさつ－

一般的なタイ語のあいさつは「sawàt dii k サワッディー」ですが、「どこへ行くんですか？／どちらまで？」という意味の「pai nǎi k パイ ナイ」や「もうご飯を食べましたか？」という意味の「kin khâaw lɛ́ɛw rɯ̌ɯ yàŋ k ギン カーオ レーオ ルー ヤン（グ）／ kin khâaw rɯ̌ɯ yàŋ k ギン カーオ ルー ヤン（グ）」という表現をあいさつ代わりに使うことがよくあります。

◯◯したことがあります。

動詞（句）

基本
文型

khəəi ＋ 動詞（句）
เคย

プーケットに行ったことがあります。

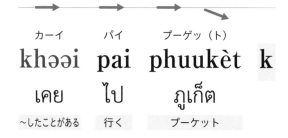

カーイ	パイ	プーゲッ（ト）	
khəəi	**pai**	**phuukèt**	**k**
เคย	ไป	ภูเก็ต	
～したことがある	行く	プーケット	

🌸 「～したことがあります」のようにこれまでの経験を表す場合、動詞の前に「khəəi」をつけて「khəəi～」の形で表します。

「～したことがありません」と否定文にする場合には、「khəəi」の前に「mâi」を入れ「mâi khəəi～」という形になります。疑問文はニュアンスに合わせて「mái」「châi mái」「rǔɯ plàaw」を文末に入れます。

プーケットに２回、行ったことがあります。

カーイ	パイ	プーゲッ（ト）	ソーン（グ）	カラン（グ）	
khəəi	**pai**	**phuukèt**	**sɔ̌ɔŋ**	**khráŋ**	**k**
เคย	ไป	ภูเก็ต	๒	ครั้ง	
～したことがある	行く	プーケット	2	類別詞（回）	

＊回数は動詞の
詳細（説明）
なので、後ろ
に置きます。

124

イサーン料理を食べたことがありません。

マイ　カーイ　ギン　アーハーン　イーサーン

mâi khəəi kin aahǎan iisǎan k

ไม่　เคย　กิน　อาหาร　อีสาน

<否定>　〜したことがある　食べる　料理　イサーン

＊イサーン料理とはタイの東北料理で、青パパイヤのサラダ（ソムタム）と焼き鳥（ガイヤーン）が有名です。

ムエタイを見たことがありますか？

カーイ　ドゥー　ムアイ　タイ　マイ

khəəi duu muai thai mái k

เคย　ดู　มวย　ไทย　ไหม

〜したことがある　見る　ムエタイ　<疑問>

＊ムエタイとはタイの国技で格闘技の一種です。

関連単語

バンコク	チェンマイ	アユタヤ
グルン（グ）テー（プ） **kruŋthêep** กรุงเทพฯ	チアン（グ）マイ **chiaŋmài** เชียงใหม่	アユッ（ト）タヤー **ayútthayaa** อยุธยา
サムイ島	**ピピ島**	**パタヤ**
ゴ　サムイ **kɔ̀ samǔi** เกาะ สมุย	ゴ　ピーピー **kɔ̀ phiiphii** เกาะ พีพี	パッ（ト）タヤー **phátthayaa** พัทยา
トゥクトゥクに乗る	**象に乗る**	**ショーを見る**
クン　トゥッ（ク）トゥッ（ク） **khûn túktúk** ขึ้น ตุ๊กตุ๊ก	キー　チャーン（グ） **khìi cháaŋ** ขี่ ช้าง	ドゥー　チョー **duu choo** ดู โชว์

125

○○の上	○○の下	○○の横
ポン **bon** ○○ บน	ターイ **tâai** ○○ ใต้	カーン（グ） **khâaŋ** ○○ ข้าง

○○の前	○○の裏／後ろ	左
ナー **nâa** ○○ หน้า	ラン（グ） **lăŋ** ○○ หลัง	サーイ **sáai** ซ้าย

右	○○の内（中）	○○の外
クワー **khwăa** ขวา	ナイ **nai** ○○ ใน	ノー（ク） **nɔɔk** ○○ นอก

○○の反対側	○と□の間	○○列目
トロン（グ）　カーム **troŋ khâam** ○○ ตรง　ข้าม	ラワーン（グ）　ガッ（プ） **rawàaŋ** ○ **kàp** □ ระหว่าง　กับ	テオ　ティー **thɛ̌w thîi** ○○ แถว　ที่

○○の近く	○○沿い	○○の辺り
ガライ **klâi** ○○ ใกล้	リム **rim** ○○ ริม	テオ **thɛ̌w** ○○ แถว

＊「〜の上」は「bon〜」と言いますが、「上（側）」と名詞にする場合には「khâaŋ（側）/ dâan（丁寧）」と一緒に用いて「khâaŋ bon」という言い方をします。「khâaŋ nâa」「khâaŋ lăŋ」「khâaŋ sáai」「khâaŋ khwăa」も同じように使えます。「〜の下」は「tâai〜」と言いますが、「下（側）」の場合は「khâaŋ lâaŋ」になります。また、右側、左側の代わりに右手（側）「khwăa mɯɯ」、左手（側）「sáai mɯɯ」を使うこともできます。

第 **4** 章

日常生活・街歩きで使えるフレーズ

観光やビジネス目的でタイを訪問したとき、

タイ語でコミュニケーションができると

心の距離がぐっと縮まりますね。

移動や食事、観光などよくある場面で使える

フレーズを紹介します。

場所を尋ねる

単語を入れ替えて使おう

☐ はどこですか？
場所

商品を探すときも同じ
尋ね方をします。商品の
単語は132ページなどで
紹介しています。

ユー	ティー	ナイ
yùu	**thîi**	**năi k**
อยู่	ที่	ไหน
~にある/いる	場所	どの

トイレ

ホン(グ) ナーム
hɔ̂ŋ náam
ห้อง น้ำ

レジ

ケッ(ト)チア
khɛ́tchia
แคชเชียร์

エレベーター

リッ(プ)
líp
ลิฟต์

デパート

ハーン(グ)
hâaŋ
ห้าง

スーパー

スッ(プ)パー
súppɔ̀ə
ซุปเปอร์

コンビニ（セブン）

セーウェン
seewên＊
เซเว่น

＊コンビニは正式には「ráan sadùak súɯ」と言いますが、タイにはセブンイレブンが多いので、話し
言葉ではコンビニのことをセブンイレブンの略の「seewên」と呼ぶことが多いです。

（鉄道の）駅

サターニー ロッ(ト) ファイ
sathăanii rót fai
สถานี รถ ไฟ

銀行

タナーカーン
thanaakhaan
ธนาคาร

病院

ローン(グ)パヤーバーン
rooŋphayaabaan
โรงพยาบาล

警察署

サターニー タムルアッ(ト)
sathăanii tamrùat
สถานี ตำรวจ

この辺りにスーパーはありますか？

テウ	ニー	ミー	スッ(プ)パー	マイ	
thɛ̌w	**níi**	**mii**	**súppɔ̀ə**	**mái**	**k**
แถว	นี้	มี	ซุปเปอร์	ไหม	
～の辺り	この	～がある/いる	スーパー	＜疑問＞	

歩いて行けますか？

ダーン	パイ	ダイ	マイ	
dəən	**pai**	**dâi**	**mái**	**k**
เดิน	ไป	ได้	ไหม	
歩く	行く	＜可能＞	＜疑問＞	

129

移動する

単語を入れ替えて使おう

☐☐☐ に行ってください。
場所

☐☐☐ に行きたいです。
場所

パイ
pai ☐☐☐ **k**
ไป
行く

ヤー（ク）　パイ
yàak **pai** ☐☐☐ **k**
อยาก　ไป
〜したい　行く

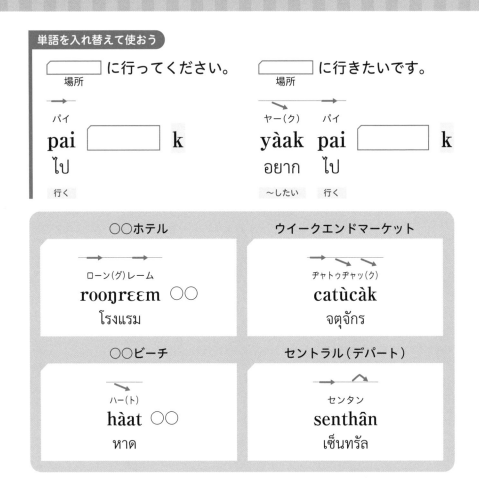

○○ホテル

ローン（グ）レーム
rooŋrɛɛm ○○
โรงแรม

ウイークエンドマーケット

ヂャトゥヂャッ（ク）
catùcàk
จตุจักร

○○ビーチ

ハー（ト）
hàat ○○
หาด

セントラル（デパート）

センタン
senthân
เซ็นทรัล

セントラルデパートは、タイのデパート
の代名詞となっています。セントラルの
発音は「senthân」で、日本語のように「セ
ントラル」と言っても全く通じません。
この発音をよく聞いて覚えましょう。

130

どこへ行きますか？

パイ　ナイ
pai năi k
ไป　ไหน
行く　どの

＊thîi năi（→65ページ）のthîiが省略
されています。

スクンビットのソイ55へ行ってください。

パイ　　スクムウィッ(ト)　　ソーイ　　ハーア　スィッ(プ)　ハーア
pai sukhŭmwít sɔɔi hâa sìp hâa k
ไป　สุขุมวิท　ซอย　๕๕
行く　スクンビット　路地　55

メーターを使ってください。

ゴッ(ト)　ミター　ドゥアイ
kòt mitɔ̂ə dûai k
กด　มิเตอร์　ด้วย
(ボタンを)押す　メーター　<強調>

＊スクンビットはバンコクにある外国
人が多く住むエリアです。ソイは小
道（路地）のことで、ソイ55と言え
ば「路地55」というような意味です。

大丈夫です。

ダイ
dâi k
ได้
<可能>

トンロー駅に止めてください。

ヂョー(ト)　ティー　サターニー　トーン(グ)ロー
cɔ̀ɔt thîi sathăanii thɔɔŋlɔ̀ɔ k
จอด　ที่　สถานี　ทองหล่อ
駐車する　場所　駅　トンロー

＊タイのソイ（路地）には名
前がついているところがあ
り、スクンビットのソイ
55がトンロー通りです。

✏ ミニ知識

タイでは、タクシーを降りるときに「ここで降ります」とは言わず「〜に止めてください」
という表現を使います。また、領収書は出せませんのでご注意ください。

第**4**章　移動する

131

商品があるかどうか尋ねる

単語を入れ替えて使おう

Q:［　　　　　　　］ありますか？

ミー
mii ［　　　　　　　］
มี
~がある/いる

マイ
mái k
ไหม
＜疑問＞

インスタント麺

マーマー
maamâa
มาม่า

レトルト食品

アーハーン　サムレッ（ト）　ルー（プ）
aahăan sămrèt rûup
อาหาร　สำเร็จ　รูป

ドライフルーツ

ポンラマーイ　　ヘーン（グ）
phŏnlamáai hɛ̂ɛŋ
ผลไม้　　แห้ง

スープやカレーの素

クルアン（グ）　ゲーン（グ）
khrûaŋ kɛɛŋ
เครื่อง　แกง

タイシルク商品

シンカー　　パー　　マイ　　タイ
sĭnkháa phâa măi thai
สินค้า　　ผ้า　　ไหม　　ไทย

お香

トゥー（プ）　ホー（ム）
thûup hɔ̌ɔm
ธูป　　หอม

石けん	ヤードム（かぎ薬）	
サブ－ **sabùu** สบู่	ヤー　　ドム **yaa dom** ยา　　ดม	＊すっきりした いときにはミ ントの香りな どを鼻から 吸って使う。

これ／この○○	もっと（さらに）
ニー　　　　　　　ニー **nîi** ／ 類別詞＋**níi** นี่ ／ นี้	イー－(ク) **ìik** อีก

A：あります。　こちらです。

ミー
mii k
มี
~がある/いる

ニー
nîi k
นี่
これ

A：すみません。　ありません。

コー　　　トー－(ト)
khɔ̌ɔ thôot k
ขอโทษ
すみません

マイ　　ミー
mâi mii k
ไม่ มี
<否定> ~がある/いる

買い物をする

何かおすすめはありますか？

ミー	アライ	ネナム	マイ
mii	arai	nɛ́nam	mái k
มี	อะไร	แนะนำ	ไหม
~がある/いる	何	おすすめ	<疑問>

どれが一番売れていますか？

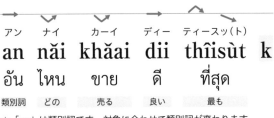

アン	ナイ	カーイ	ディー	ティースッ(ト)
an	năi	khăai	dii	thîisùt k
อัน	ไหน	ขาย	ดี	ที่สุด
類別詞	どの	売る	良い	最も

＊「an」は類別詞です。対象に合わせて類別詞が変わります。

試してもいいですか？

ローン(グ)	ダイ	マイ
lɔɔŋ	dâi	mái k
ลอง	ได้	ไหม
試す	<可能>	<疑問>

包んでもらえますか？

ホー	ダイ	マイ
hɔ̀ɔ	dâi	mái k
ห่อ	ได้	ไหม
包む	<可能>	<疑問>

見ているだけです。

ドゥー	チャーイ	チャーイ	
duu	**chə̌əi**	**chə̌əi k**	
ดู	เฉย	ๆ	
見る	普通にただ	<繰り返し>	

＊「chə̌əi（気にしない）」を繰り返して「普通にただ」の意味で使います。

これください。

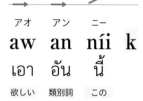

アオ	アン	ニー	
aw	**an**	**níi k**	
เอา	อัน	นี้	
欲しい	類別詞	この	

＊「aw」を「khɔ̌ɔ」に変えると、より丁寧な言い方になります。また、「an」のところは、対象に合わせて類別詞が変わります。

アクセサリー店はどこにありますか？

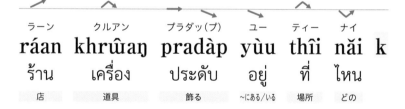

ラーン	クルアン	プラダッ(プ)	ユー	ティー	ナイ	
ráan	**khrûɯaŋ**	**pradàp**	**yùu**	**thîi**	**nǎi k**	
ร้าน	เครื่อง	ประดับ	อยู่	ที่	ไหน	
店	道具	飾る	~にある/いる	場所	どの	

関連単語

靴	ローン(グ)	ターオ	鞄	ガラパオ
	rɔɔŋ	**tháaw**		**krapǎw**
	รอง	เท้า		กระเป๋า
	支える	足		鞄

白色	黒色	灰色
スィー　カーオ sǐi khǎaw สี　ขาว	スィー　ダム sǐi dam สี　ดำ	スィー　タオ sǐi thaw สี　เทา
茶色	**赤色**	**ピンク色**
スィー　ナムターン sǐi náamtaan สี　น้ำตาล	スィー　デーン(グ) sǐi dɛɛŋ สี　แดง	スィー　チョムプー sǐi chomphuu สี　ชมพู
オレンジ色	**黄色**	**緑色**
スィー　ソム sǐi sôm สี　ส้ม	スィー　ルアン(グ) sǐi lǔaŋ สี　เหลือง	スィー　キアオ sǐi khǐaw สี　เขียว
水色（薄い青）	**紺色（濃い青）**	**紫色**
スィー　ファー sǐi fáa สี　ฟ้า	スィー　ナムンガン sǐi náamŋən สี　น้ำเงิน	スィー　ムアン(グ) sǐi mûaŋ สี　ม่วง
金色	**銀色**	**他の色**
スィー　トーン(グ) sǐi thɔɔŋ สี　ทอง	スィー　ンガン sǐi ŋən สี　เงิน	スィー　ウーン sǐi ʉ̀ʉn สี　อื่น

＊「sǐi」は「色」の意味です。

＊「sǐi náamtaan（茶色）」や「sǐi náamŋən（紺色）」は、「náam（水）＋○○」の単語です。この場合、「náam」の音が「ナーム」から「ナム」と短くなります。

無地	花柄	縞柄
マイ　ミー　ラーイ	ラーイ　ドー(ク)	ラーイ　ターン(グ)
mâi mii laai	laai dɔ̀ɔk	laai thaaŋ*
ไม่ มี ลาย	ลาย ดอก	ลาย ทาง

ドット柄	チェック柄	タイ模様
ラーイ　ヂュッ(ト)	ラーイ　サゴッ(ト)	ラーイ　タイ
laai cùt	laai sakɔ́t	laai thai
ลาย จุด	ลาย สก๊อต	ลาย ไทย

シルク	綿	麻
マイ	ファーイ	パーン
mǎi	fâai	pàan
ไหม	ฝ้าย	ป่าน

レース	革	ベルベット
ルー(ク)　マーイ	ナン(グ)	ガンマジー
lûuk máai	nǎŋ	kammayìi
ลูกไม้	หนัง	กำมะหยี่

第4章 色・柄・素材

＊「laai」は「柄」の意味です。

＊「laai thaaŋ」は縦縞、横縞どちらにも使えます。

Advice

黒色と迷彩柄には要注意

日本人は落ち着いた色を好む人が多いですが、タイ人は明るい色や原色などの派手めの色を好む人が多いのが特徴です。

特に、お葬式で着る色である黒は縁起の悪い色とされており、お葬式以外の場ではあまり着ません。日本ではブラックフォーマルという考え方がありますが、結婚式やパーティー、改まった場などでは黒を避けるようにしましょう。

また、タイでは迷彩服を「laai phraaŋ ラーイ パラーン（グ）」といい、軍隊が着用する衣装の柄と同じであるため、一般の人が迷彩柄の服を着用することが法律で禁止されています。観光客には厳しくない可能性もありますが、念のためタイでは迷彩柄の服を身に着けないようにするのが無難です。もし着用して捕まると、罰金2,000バーツまたは懲役1年の罪になります（2023年7月現在）。

値段を尋ねる

これは（値段）いくらですか？

ニー	ラーカー	タオライ	
nîi	**raakhaa**	**thâwrài**	**k**
นี่	ราคา	เท่าไหร่	
これ	値段	いくら	

＊「nîi」の代わりに「類別詞 + nîi」も使います（類別詞は46ページ）。「raakhaa」は省略されることがあります。

Q：Tシャツは1枚（につき）いくらですか？

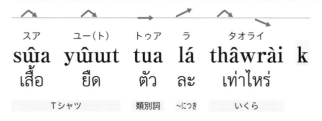

スア	ユー（ト）	トゥア	ラ	タオライ	
sûʉa	**yûʉɯt**	**tua**	**lá**	**thâwrài**	**k**
เสื้อ	ยืด	ตัว	ละ	เท่าไหร่	
Tシャツ		類別詞	～につき	いくら	

A：1枚（につき）300バーツです。

トゥア	ラ	サーム	ローイ	バー（ト）	
tua	**lá**	**săam**	**rɔ́ɔi**	**bàat**	**k**
ตัว	ละ	๓๐๐		บาท	
類別詞	～につき	300		バーツ	

＊上の文の答えのため、「sûʉa yûʉɯt（Tシャツ）」が省略されています。

Advice　値段の聞き方

「～につきいくらですか」は、直訳すると「～は1単位でいくらですか」です。「類別詞 + lá　thâwrài　k」で、「～」の名詞に合う類別詞を使って尋ねます。「3つでいくら」などのように、単位が2以上の場合は、「数字 + 類別詞 + thâwrài k」となります。日本語で「2つにつきいくらですか？」と言わないように、複数になると「lá」を使いません。

Q：大人2人でいくらですか？

プーヤイ	ソーン(グ)	コン	タオライ	
phûuyài	sɔ̌ɔŋ	khon	thâwrài	k
ผู้ใหญ่	๒	คน	เท่าไหร่	
大人	2	類別詞	いくら	

A：2人で1,000バーツです。

ソーン(グ)	コン	ヌン(グ)	パン	バー(ト)	
sɔ̌ɔŋ	khon	nɯ̀ŋ	phan	bàat	k
๒	คน	๑,๐๐๐		บาท	
2	類別詞	1,000		バーツ	

全部でいくらですか？

タン(グ)モッ(ト)	タオライ	
tháŋmòt	thâwrài	k
ทั้งหมด	เท่าไหร่	
全部	いくら	

カードが使えますか？

チャイ	バッ(ト)	クレーディッ(ト)	ダイ	マイ	
chái	bàt	khreedìt	dâi	mái	k
ใช้	บัตร	เครดิต	ได้	ไหม	
使う	カード	クレジット	<可能>	<疑問>	

Q：割引できますか？

ロッ(ト)	ラーカー	ダイ	マイ	
lót	**raakhaa**	**dâi**	**mái**	**k**
ลด	ราคา	ได้	ไหม	
減らす	値段	＜可能＞	＜疑問＞	

Q：〇〇バーツにできますか？

	バー(ト)	ダイ	マイ	
〇〇	**bàat**	**dâi**	**mái**	**k**
	บาท	ได้	ไหม	
	バーツ	＜可能＞	＜疑問＞	

A：じゃあ、いります。

ンガン	アオ	
ŋán	**aw**	**k**
งั้น	เอา	
じゃあ	欲しい	

A：じゃあ、いりません。

ンガン	マイ	アオ	
ŋán	**mâi**	**aw**	**k**
งั้น	ไม่	เอา	
じゃあ	＜否定＞	欲しい	

Advice　　　値引き交渉は市場など一部で

市場やショッピングモール内の個人商店などでは、値札があっても値引き交渉ができることがよくあります。そのため、「lót raakhaa dâi mái」と聞いて、値引きできるか確認してみましょう。特に土産物店などでは、旅行客だとみると高い値段を伝える販売員もいるので、あらかじめ相場を調べておくといいでしょう。ただし、値切れないお店もたくさんあるので気をつけましょう。

関連単語

婦人服			紳士服		
スア	バー	プージン	スア	バー	プーチャーイ
sûa	**phâa**	**phûuyǐŋ**	**sûa**	**phâa**	**phûuchaai**
เสื้อ	ผ้า	ผู้หญิง	เสื้อ	ผ้า	ผู้ชาย
服		女性	服		男性

タイドレス		帽子		ネクタイ	
チュッ(ト)	タイ	ムアッ(ク)		ネッ(ク)タイ	
chút	**thai**	**mùak**		**nékthái**	
ชุด	ไทย	หมวก		เนกไท	
セット	タイ	帽子		ネクタイ	

シャンプー		ハンドクリーム			携帯（電話）	
チェムプー		クリーム	ター	ムー	ムー	トゥー
chɛmphuu		**khriim**	**thaa**	**mɯɯ**	**mɯɯ**	**thɯ̌ɯ**
แชมพู		ครีม	ทา	มือ	มือ	ถือ
シャンプー		クリーム	塗る	手	手	手に持つ

Sサイズ		Mサイズ		Lサイズ	
サイ	エス	サイ	エム	サイ	エーウ
sái	**és**	**sái**	**em**	**sái**	**ɛɛw**
ไซส์	เอส	ไซส์	เอ็ม	ไซส์	แอล
サイズ	S	サイズ	M	サイズ	L

小さいサイズ		大きいサイズ		他のサイズ	
サイ	レッ(ク)	サイ	ヤイ	サイ	ウーン
sái	**lék**	**sái**	**yài**	**sái**	**ɯ̀ɯn**
ไซส์	เล็ก	ไซส์	ใหญ่	ไซส์	อื่น
サイズ	小さい	サイズ	大きい	サイズ	他の

＊外来語の単語では本来タイ語にない末子音が使われることがあります。この単語では「s」が末子音のような形になっています。

＊「携帯電話」は「thoorasàp mɯɯ thɯ̌ɯ トーラサッ（プ）ムー トゥー」ですが、日本語で「携帯」と省略するように「mɯɯ thɯ̌ɯ」だけで携帯電話のことを指します。また、タイではガラケーがすでに使われておらず、スマホとガラケーの言い分けをしないため、「mɯɯ thɯ̌ɯ」をその総称として使います。

ここでは基本的な数字の言い方と、大きな数の言い方を学びます。まずは、〇から九と、十から百万までの位を覚えましょう。

〇	一	二	三	四
スーン sǔun ๐	ヌン(グ) nùŋ ๑	ソーン(グ) sɔ̌ɔŋ ๒	サーム sǎam ๓	スィー sìi ๔
五	六	七	八	九
ハー hâa ๕	ホッ(ク) hòk ๖	ヂェッ(ト) cèt ๗	ペー(ト) pɛ̀ɛt ๘	ガーオ kâaw ๙

十	百	千
スィッ(プ) sìp ๑๐	ローイ rɔ́ɔi ๑๐๐	パン phan ๑,๐๐๐
万	十万	百万
ムーン mùɯn ๑๐,๐๐๐	セーン sɛ̌ɛn ๑๐๐,๐๐๐	ラーン láan ๑,๐๐๐,๐๐๐

＊百万より大きな位はありません。一千万は「láan（百万）」が10個で「sìp láan」、一億は「láan（百万）」が100個で「nùŋ rɔ́ɔi láan」と表します。

数字は買い物や日付の確認でよく耳にします。まずは、このページの数字の音声をよく聞いてみましょう。

〇〜九の数字と位の言い方を合わせて、いろいろな数を表します。日本語の数字の組み合わせと同じで、45の場合は「sìi（四）」と「sìp（十）」と「hâa（五）」を組み合わせて「sìi sìp hâa」となります。

16（十六）	87（八十七）
スィッ（プ）　ホッ（ク） **sìp　hòk** ๑๖	ペー（ト）　スィッ（プ）　チェッ（ト） **pὲὲt　sìp　cèt** ๘๗

392（三百九十二）	4,215（四千二百十五）
サーム　　ローイ　　ガーオ　スィッ（プ）　ソーン（グ） **sǎam　rɔ́ɔi　kâaw　sìp　sɔ̌ɔŋ** ๓๙๒	スィー　　パン　ソーン（グ）　ローイ　スィッ（プ）　ハー **sìi　phan　sɔ̌ɔŋ　rɔ́ɔi　sìp　hâa** ๔,๒๑๕

＊2,100は日本語では「二千百」と読みますが、タイ語では「二千一百」と読みます。4桁以上の数字では100のことを「いちひゃく」と、つまり百の位の「nɯ̀ŋ（いち）」を読み上げます。ただし、日本語で1,000の「いち」を省略して「せん」と言うように、3桁の数字の場合は百の位の「nɯ̀ŋ（いち）」を省略させることがよくあります。

●**特別な発音になる11と20**

2桁以上の数字の一の位が「1」の場合は「èt」を使うというルールがありますが、実際の話し言葉では十の位が「ゼロ」で一の位が「1」の場合は「èt」ではなく「nɯ̀ŋ」を使うのが一般的です。十の位が「2」の場合は「yîi」を使用します。「èt（11）」と「yîi sìp（20）」が特別な発音になります。

11（十一）	25（二十五）
スィッ（プ）　エッ（ト） **sìp　èt** ๑๑	ジー　スィッ（プ）　ハー **yîi　sìp　hâa** ๒๕

221（二百二十一）	801（八百一）
ソーン（グ）　ローイ　ジー　スィッ（プ）　エッ（ト） **sɔ̌ɔŋ　rɔ́ɔi　yîi　sìp　èt** ๒๒๑	ペー（ト）　ローイ　ヌン（グ） **pὲὲt　rɔ́ɔi　nɯ̀ŋ** ๘๐๑

143

日にち・時間を尋ねる

今日は何日ですか？

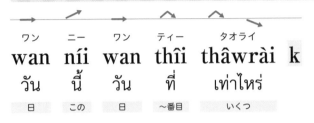

ワン	ニー	ワン	ティー	タオライ	
wan	**níi**	**wan**	**thîi**	**thâwrài**	**k**
วัน	นี้	วัน	ที่	เท่าไหร่	
日	この	日	〜番目	いくつ	

＊「wan níi」は「この日」という意味で「今日」を表します。「thîi＋数字」で「〜番目」を表します。「wan＋thîi＋数字」で「〜番目の日」という意味になり、日付を表します。

タイに来たのは何日ですか？

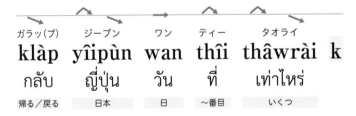

マー	ムアン(グ)	タイ	ワン	ティー	タオライ	
maa	**mɯaŋ**	**thai**	**wan**	**thîi**	**thâwrài**	**k**
มา	เมือง	ไทย	วัน	ที่	เท่าไหร่	
来る	町／都市／国	タイ	日	〜番目	いくつ	

日本へ帰るのは何日ですか？

ガラッ(プ)	ジープン	ワン	ティー	タオライ	
klàp	**yîipùn**	**wan**	**thîi**	**thâwrài**	**k**
กลับ	ญี่ปุ่น	วัน	ที่	เท่าไหร่	
帰る／戻る	日本	日	〜番目	いくつ	

○○は何日から販売しますか？（発売日は何日ですか）

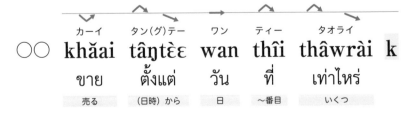

	カーイ	タン(グ)テー	ワン	ティー	タオライ	
○○	**khǎi**	**tâŋtɛ̀ɛ**	**wan**	**thîi**	**thâwrài**	**k**
	ขาย	ตั้งแต่	วัน	ที่	เท่าไหร่	
	売る	（日時）から	日	〜番目	いくつ	

何時に迎えにきますか？

マー	ラッ(プ)	ギー	モーン(グ)	
maa	**ráp**	**kìi**	**mooŋ**	**k**
มา	รับ	กี่	โมง	
来る	受け取る	いくつ	類別詞（時）	

＊「〜時」のように後ろに単位がつく
ときはkiiを使います。

＊観光に行って頼んだガイドや、出張で依頼した運転手との会話で使えるほか、「何時に引き取りにくる
か」とも同じフレーズで鞄を預けたときなどにこのように聞かれます。

何時まで開いていますか？

パー(ト)	トゥン(グ)	ギー	モーン(グ)	
pə̀ət	**thǔŋ**	**kìi**	**mooŋ**	**k**
เปิด	ถึง	กี่	โมง	
開く／開ける	至る／〜まで	いくつ	類別詞（時）	

水上マーケットに行くのに時間はどのくらいかかりますか？

パイ	タラー(ト)	ナーム	チャイ	ウェーラー	タオライ	
pai	**talàat**	**náam**	**chái**	**weelaa**	**thâwrài**	**k**
ไป	ตลาด	น้ำ	ใช้	เวลา	เท่าไหร่	
行く	市場	水	使う	時間	いくら	

＊「動詞＋chai weelaa thâwrài」で、「〜するのにいくら時間を使いますか？」という意味になります。
何をするのか互いにわかっている状況なら、「chai weelaa thâwrài k（時間はどのくらいかかります
か）」だけで通じます。

第**4**章

日にち・時間を尋ねる

Advice タイ時間に合わせてゆったりと

タイ人は日本人に比べて時間におお
らかです。特にプライベートでは約
束の時間に来ておらず、連絡をして
みるとこれから家を出るというよう
なこともよくあります。郷に入れば

郷に従うではありませんが、イライ
ラしても仕方ないので待ち時間を有
効に使ってタイ時間を逆に楽しみま
しょう。

145

タイ語の動詞、形容詞には過去や未来、進行形などを表す文法がないため、時間を表す単語を組み合わせて言うことで、いつのことなのかを表します。

昨日	今日	明日
ムアワーン（ニー） mûawaan(níi) เมื่อวาน(นี้)	ワン　　ニー wan níi วัน นี้	プルン（グ）ニー phrûŋníi พรุ่งนี้
先週	**今週**	**来週**
アーティッ（ト）　ティーレーオ aathít thîilɛ́ɛw อาทิตย์ที่แล้ว	アーティッ（ト）　ニー aathít níi อาทิตย์ นี้	アーティッ（ト）　ナー aathít nâa อาทิตย์ หน้า
先月	**今月**	**来月**
ドゥアン　　ティーレーオ dɯan thîilɛ́ɛw เดือนที่แล้ว	ドゥアン　ニー dɯan níi เดือน นี้	ドゥアン　ナー dɯan nâa เดือน หน้า
去年	**今年**	**来年**
ピー　　ティーレーオ pii thîilɛ́ɛw ปีที่แล้ว	ピー　ニー pii níi ปี นี้	ピー　ナー pii nâa ปี หน้า

Advice

タイの曜日占いと仏像

日本では血液型や星座で占いや性格判断などをしますが、タイでは自分が生まれた曜日を使って運勢を占ったり、性格判断をしたりします。またタイでは曜日ごとの色や仏像が決まっています。月曜日は黄色、火曜日はピンク色、水曜日の昼は緑色、水曜日の夜は黒色、木曜日はオレンジ色、金曜日は水色、土曜日は紫色、日曜日は赤色です。また、お寺ではその曜日ごとの仏像を祀っているところがありますので、見つけたら自分が生まれた曜日の仏像を拝んでみましょう。

日曜日	月曜日	火曜日	水曜日
ワン　アーティッ(ト)	ワン　ヂャン	ワン　アン(グ)カーン	ワン　プッ(ト)
wan　aathít	wan　can	wan　aŋkhaan	wan　phút
วันอาทิตย์	วันจันทร์	วันอังคาร	วันพุธ

木曜日	金曜日	土曜日	
ワン　パルハッ(ト)	ワン　スッ(ク)	ワン　サオ	
wan　pharɯ́hàt	wan　sùk	wan　sǎw	
วันพฤหัสฯ	วันศุกร์	วันเสาร์	

＊「wan」は「日」を表しています。木曜日の正式な言い方は「wan pharɯ́hàt sabɔɔdii」ですが、話し言葉では「sabɔɔdii」を省略して「wan pharɯ́hàt」と言うのが一般的です。

1月	2月	3月
マガラー	グムパー	ミーナー
mákaraa	kumphaa	miinaa
มกราฯ	กุมภาฯ	มีนาฯ

4月	5月	6月
メーサー	プルッ(ト)サパー	ミトゥナー
meesǎa	phrɯ́tsaphaa	míthùnaa
เมษาฯ	พฤษภาฯ	มิถุนาฯ

7月	8月	9月
ガラガダー	スィン(グ)ハー	ガンヤー
karákadaa	sǐŋhǎa	kanyaa
กรกฎาฯ	สิงหาฯ	กันยาฯ

10月	11月	12月
トゥラー	プルッ(ト)サヂガー	タンワー
tùlaa	phrɯ́tsacìkaa	thanwaa
ตุลาฯ	พฤศจิกาฯ	ธันวาฯ

＊紹介した単語は話し言葉での表現です。正式な表記は頭に「月」＝「dwan ドゥアン」がつき、末尾にはそれぞれ、1 カ月が31日の月は「khom コム」、30日の月は「yon ヨン」、2 月は「phan パン」がつきます。例えば1月の正式な表現は「dwan mákaraakhom」となります。

タイの時間の覚え方

　タイの時間は朝、午後、夕方、夜に分けられています。時間帯で言い方が変わるので、由来に合わせてイメージすると覚えやすいでしょう。

　タイでは昔、音を鳴らして時間を知らせていました。朝6時〜夕方6時はドラを鳴らして時間を知らせており、そのドラの擬音「mooŋ」が単位に使われます。「mooŋ」に時間帯を表す「cháaw（朝）」「bàai（午後）」「yen（夕方）」をつけて表します。朝は6〜11時、午後は1〜3時、夕方は4〜6時です。昼の12時は「thîaŋ（正午）」を使います。

　夜7時〜11時は太鼓を叩いて時間を知らせており、その太鼓の擬音「thûm」を単位に使って表します。例えば「1 thûm」は太鼓を1回叩いた時間で、午後7時です。夜の12時は「thîaŋ khɯɯn（夜の正午）」を使います。

　夜中1時〜早朝5時は睡眠の邪魔にならないよう、小さな音が出る金属板を叩いて知らせていたことから、「叩く」という動詞の「tii」で時間を表すようになりました。例えば「tii 3」は夜中に金属板が3回叩かれる時間で、午前3時です。「mooŋ」と「thûm」は類別詞（単位）のため数字の後ろにつきますが、「tii」は動詞なので「tii＋数字」となります。

　「〜分」は「数字＋naathii」で表します。また、タイ語にも日本語同じで「khrûŋ（半）」という表現があります。

1分	30分
1 naathii	30 naathii

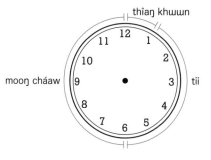

夜12時	thîaŋ khɯɯn
午前1時	tii 1
午前2時	tii 2
午前3時	tii 3
午前4時	tii 4
午前5時	tii 5
午前6時	6 mooŋ cháaw
午前7時	7 mooŋ cháaw
午前8時	8 mooŋ cháaw
午前9時	9 mooŋ cháaw
午前10時	10 mooŋ cháaw
午前11時	11 mooŋ cháaw

昼12時	thîaŋ
午後1時	bàai mooŋ
午後2時	bàai 2 mooŋ
午後3時	bàai 3 mooŋ
午後4時	4 mooŋ yen
午後5時	5 mooŋ yen
午後6時	6 mooŋ yen
午後7時	1 thûm
午後8時	2 thûm
午後9時	3 thûm
午後10時	4 thûm
午後11時	5 thûm

＊mooŋ cháawとmooŋ yenのcháaw（朝、午前中）とyen（夕方）は、きりのよい時刻を表す際に使います。「〜時〜分」や「〜時半」のように時間と分を言うときには、使いません。

何時ですか？

→ギー　モーン（グ）

kìi mooŋ
กี่　โมง

いくつ　類別詞（時）

午後4時半です。

↗スィー　モーン（グ）　クルン（グ）

sìi mooŋ khrɯ̂ŋ
๔　โมง　ครึ่ง

4　類別詞（時）　半

写真を撮る・お願いする

（ちょっと）ここで写真を撮ってもいいですか？

コー	ターイ	ルー（プ）	ティー	ニー	ノイ	ダイ	マイ
khɔ̌ɔ	thàai	rûup	thîi	nîi	nɔ̀i	dâi	mái k
ขอ	ถ่าย	รูป	ที่	นี่	หน่อย	ได้	ไหม
請う	写す	写真	場所	これ	ちょっと	＜可能＞	＜疑問＞

（ちょっと）あなたの写真を撮ってもいいですか？

コー	ターイ	ルー（プ）	クン	ノイ	ダイ	マイ
khɔ̌ɔ	thàai	rûup	(khun)	nɔ̀i	dâi	mái k
ขอ	ถ่าย	รูป	คุณ	หน่อย	ได้	ไหม
請う	写す	写真	あなた	ちょっと	＜可能＞	＜疑問＞

（ちょっと）写真を撮っていただけますか？

チュアイ	ターイ	ルー（プ）	ノイ	ダイ	マイ
chûai	thàai	rûup	nɔ̀i	dâi	mái k
ช่วย	ถ่าย	รูป	หน่อย	ได้	ไหม
手伝う	写す	写真	ちょっと	＜可能＞	＜疑問＞

写真をSNSにアップしてもいいですか？

コー	アッ（プ）	ロン（グ）	ナイ	ソーチアオ	ダイ	マイ
khɔ̌ɔ	áp	loŋ	nai	soochîaw	dâi	mái k
ขอ	อัป	ลง	ใน	โซเชียล	ได้	ไหม
請う	アップロードする	載せる	～の中	SNS	＜可能＞	＜疑問＞

＊「loŋ」は「下に向かう」ときに用いますが、この「loŋ」は「loŋ náŋsɯ̌ɯ phim（新聞に載せる）」や「loŋ níttayasǎan（雑誌に載せる）」のように使い、「載せる、掲載する」という意味になります。

お寺の中は写真を撮ることができますか？

ナイ	ワッ(ト)	ターイ	ルー(プ)	ダイ	マイ
nai	**wát**	**thàai**	**rûup**	**dâi**	**mái k**
ใน	วัด	ถ่าย	รูป	ได้	ไหม
～の中	寺院	写す	写真	<可能>	<疑問>

できますが、フラッシュは使えません。

ダイ		テー	チャイ	フレッ(ト)	マイ	ダイ
dâi k		**tɛ̀ɛ**	**chái**	**flɛ̀t**	**mâi**	**dâi k**
ได้		แต่	ใช้	แฟลช	ไม่	ได้
<可能>		しかし	使う	フラッシュ	<否定>	<可能>

じゃあ、そこは（どうですか）？

ンガン	ティー	ナン	ラ
ŋán	**thîi**	**nân**	**lá k**
งั้น	ที่	นั่น	ละ
じゃあ	場所	それ	は？

＊別の対象について同じ質問を振る場合は「～lá（～は？）」という表現を使います。

そこも同じです。

ティー	ナン	ゴー	ムアン	ガン
thîi	**nân**	**kɔ̂ɔ**	**mǔan**	**kan k**
ที่	นั่น	ก็	เหมือน	กัน
場所	それ	～も	～と同じ	お互いに

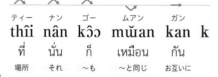

ありがとうございます。

コー(プ)	クン
khɔ̀ɔp	**khun k**
ขอบคุณ	
報いる	善、恩

食事の予定を立てる

単語を入れ替えて使おう

_____ の店に行きたいです。

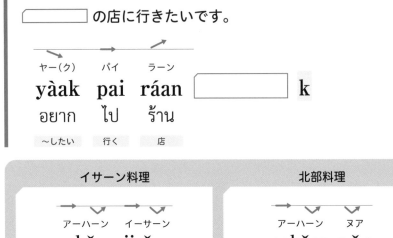

ヤー(ク)	パイ	ラーン		k
yàak	pai	ráan		
อยาก	ไป	ร้าน		
～したい	行く	店		

イサーン料理

アーハーン	イーサーン
aahăan	iisăan
อาหาร	อีสาน

北部料理

アーハーン	ヌア
aahăan	nŭa
อาหาร	เหนือ

南部料理

アーハーン	ターイ
aahăan	tâai
อาหาร	ใต้

シーフード料理

アーハーン	タレー
aahăan	thalee
อาหาร	ทะเล

午後6時から2名で予約したいです。

ヤー(ク)	ヂョーン(グ)	ホッ(ク)	モーン(グ)	イェン	ソーン(グ)	コン
yàak	cɔɔŋ	hòk	mooŋ	(yen)	sɔ̌ɔŋ	khon k
อยาก	จอง	๖	โมง	เย็น	๒	คน
～したい	予約する	6	類別詞（時）	夕方	2	類別詞

ヤマダの名前で予約しておきました。

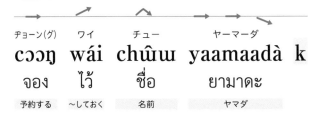

ヂョーン(グ)	ワイ	チュー	ヤーマーダ	
cɔɔŋ	wái	chûɯ	yaamaadà	k
จอง	ไว้	ชื่อ	ยามาดะ	
予約する	～しておく	名前	ヤマダ	

＊日本人の名前は、ロー
マ字に置き換えるよう
にタイ文字に置き換え
たあと、文字を読むルー
ルに従って声調がつき
ます。

空いているテーブルはありますか？

ミー	ト	ワーン(グ)	マイ	
mii	tó	wâaŋ	mái	k
มี	โต๊ะ	ว่าง	ไหม	
～がある/いる	テーブル	空く	＜疑問＞	

長く待ちますか？

ロー	ナーン	マイ	
rɔɔ	naan	mái	k
รอ	นาน	ไหม	
待つ	長い	＜疑問＞	

何分待ちますか？

ロー	ギー	ナーティー	
rɔɔ	kìi	naathii	k
รอ	กี่	นาที	
待つ	いくつ	類別詞（分）	

お腹がすきました。

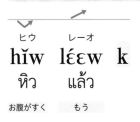

ヒウ	レーオ	
hǐw	lɛ́ɛw	k
หิว	แล้ว	
お腹がすく	もう	

153

頼むものを決める

日本語のメニューはありますか？

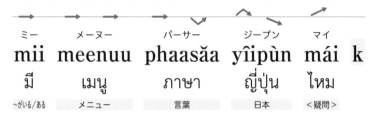

ミー	メーヌー	パーサー	ジープン	マイ
mii	**meenuu**	**phaasǎa**	**yîipùn**	**mái** k
มี	เมนู	ภาษา	ญี่ปุ่น	ไหม
~がいる/ある	メニュー	言葉	日本	<疑問>

おすすめの料理はありますか？

ミー	アーハーン	ネナム	マイ
mii	**aahǎan**	**nɛ́nam**	**mái** k
มี	อาหาร	แนะนำ	ไหม
~がいる/ある	料理	おすすめ	<疑問>

何か辛くないものはありますか？

ミー	アライ	マイ	ペッ(ト)	マイ
mii	**arai**	**mâi**	**phèt**	**mái** k
มี	อะไร	ไม่	เผ็ด	ไหม
~がいる/ある	何	<否定>	辛い	<疑問>

何人分ですか？

ギン	ダイ	ギー	コン
kin	**dâi**	**kìi**	**khon** k
กิน	ได้	กี่	คน
食べる	<可能>	いくつ	類別詞

＊直訳は「何人で食べられますか」です。「kin」の代わりに丁寧な表現「thaan」を使うこともあります。

154

生ですか？

ディッ(プ)　　マイ
dìp mái k
ดิบ　　ไหม

生の　　＜疑問＞

＊「dìp」は火が通っていない物に使います。「新鮮、採れたて、出来立て」の場合は「sòt ソッ(ト)」を使います。

火が通っていますか？

スッ(ク)　　マイ
sùk mái k
สุก　　ไหม

火が通った　　＜疑問＞

（ちょっと）注文をお願いします。

サン(グ)　　アーハーン　　ノイ
sàŋ aahăan nɔ̀i k
สั่ง　　อาหาร　　หน่อย

注文する　　料理　　ちょっと

＊「khɔ̌ɔ sàŋ aahăan nɔ̀i」の「khɔ̌ɔ」が省略されていて、「ちょっと注文させてください」の意味です。

袋に入れてください。

サイ　　トゥン(グ)
sài thŭŋ k
ใส่　　ถุง

入れる　　袋

＊テイクアウト、持ち帰りをするときにこう言います。

注文する

単語を入れ替えて使おう

（ちょっと）◻◻◻◻◻ をください。

コー
khɔ̌ɔ ◻◻◻◻◻ **nɔ̀i k** ノイ
ขอ หน่อย
請う ちょっと

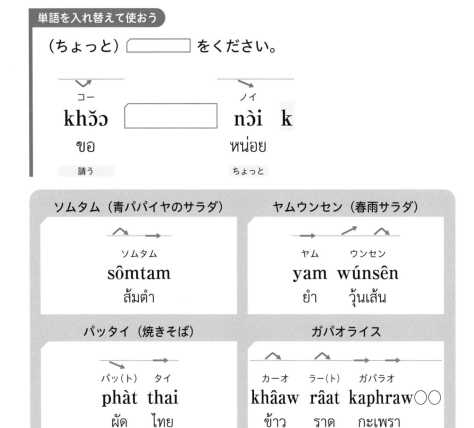

ソムタム（青パパイヤのサラダ）

ソムタム
sômtam
ส้มตำ

ヤムウンセン（春雨サラダ）

ヤム ウンセン
yam wúnsên
ยำ วุ้นเส้น

パッタイ（焼きそば）

パッ（ト） タイ
phàt thai
ผัด ไทย

ガパオライス

カーオ ラー（ト） ガパラオ
khâaw râat kaphraw○○
ข้าว ราด กะเพรา

トムヤムクン

トム ヤム グン（グ）
tôm yam kûŋ
ต้ม ยำ กุ้ง

グリーンカレー

ゲーン（グ） キアオ ワーン
kɛɛŋ khǐaw wǎan
แกง เขียว หวาน

カオマンガイ（チキンライス）

カーオ　マン　ガイ
khâaw man kài
ข้าว　มัน　ไก่

カオニヤオ・マムアン

カーオ　ニヤオ　マムアン（グ）
khâaw nǐaw mamûaŋ
ข้าว　เหนียว　มะม่วง

オレンジジュース

ナム　ソム
náam sôm
น้ำ　ส้ม

ココナッツジュース

ナム　マパラーオ
náam maphráaw
น้ำ　มะพร้าว

ビール

ビア
bia
เบียร์

水

ナム　パラーオ
náam plàaw
น้ำ　เปล่า

第**4**章 注文する

＊タイ語では「náam〜」で「〜ジュース」、「náam〜pàn」で「〜シェーク、スムージー」という意味になります。「náam plàaw」は「何でもないただの水」という意味になります。

氷はいりません。

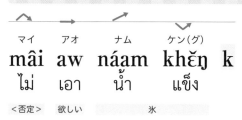

マイ　アオ　ナム　ケン（グ）
mâi aw náam khĕŋ k
ไม่　เอา　น้ำ　แข็ง

＜否定＞　欲しい　　　氷

＊「mâi aw」の代わりに「mâi sài」で「〜を入れないでください」を使うこともできます。
「氷」の代わりに「phríkプリッ（ク）（唐辛子）」や「phàk chiiパッ（ク）チー（パクチー）」も使えます。

Advice　本場のガパオ

タイのレストランでガパオライスを注文する際は「khâaw（ご飯）râat（かける）kaphraw○○（ガパオ）」と注文しないとご飯がついてきません。「○○」には豚肉や鶏といった言葉が入ります。屋台などの「ワンプレート料理」を提供する店では、1人前の料理でご飯がついているのが前提となるため、「khâaw râat」を省略します。また、日本のガパオライスと異なり、タイでは目玉焼きが一緒についてきません。

食事の感想を言う

おいしそうですね。

ナー　ギン　ヂャン(グ)ラーイ
nâa kin caŋləəi k
น่า กิน จังเลย

おいしそう　＜強調＞

＊タイ語の「おいしそう」には「nâa kin/nâa thaan（thaanはkinの丁寧な言葉）」と「nâaarɔ̀i」という2つの言葉があります。「nâa kin」が実際に食べたいと思ったり食べたいという意欲をそそられるのに対して「nâa arɔ̀i」は見た目がおいしそうな場合（実際に食べたいというわけではない）に用います。

いい香りがします。

ホーム
hɔ̌ɔm k
หอม

いい香り

＊「hɔ̌ɔm」は「いい香りがする」という意味以外に、「口以外にキスをする」という意味があります。ドラマなどでこの単語が出てきた場合は、そちらの意味で使われていることが多いです。

とてもおいしいです。

アロイ　マー(ク)
arɔ̀i mâak k
อร่อย มาก

おいしい　とても

＊「arɔ̀i mâak」はとてもおいしい場合に用いますが、もっとおいしいことを表現したい場合には「mâak」を連続して使用し「arɔ̀i mâak mâak」と言うことができます。また、イサーン地方の方言で「sɛ̂əp（おいしい）」もよく使われています。

気に入りました。

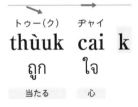

トゥー(ク)　ヂャイ
thùuk cai k
ถูก ใจ

当たる　心

＊「thùuk cai」で「心に刺さった（心に当たる）」という意味になります。タイ語は「cai」という言葉を使用していろいろな気持ちや性格を表します。

わぁ、このメニュー、とてもおいしそうです。

オーホー	メーヌー	ニー	ナー	ギン	ヂャン(グ)ラーイ
ôohŏo	meenuu	níi	nâa	kin	caŋləəi k
โอ้โห	เมนู	นี้	น่า	กิน	จังเลย
わぁ	メニュー	この	おいしそう		<強調>

じゃあ、この料理を注文しましょう。

ンガン	サン(グ)	アーハーン	ヂャーン	ニー	ガン	タ
ŋán	sàŋ	aahǎan	caan	níi	kan	thə̀ k
งั้น	สั่ง	อาหาร	จาน	นี้	กัน	เถอะ
じゃあ	注文する	料理	類別詞	この	お互いに	~ましょう

料理が来ました。

アーハーン	マー	レーオ
aahǎan	maa	lέεw k
อาหาร	มา	แล้ว
料理	来る	もう

お腹すいたね、食べましょう。

ヒウ	レーオ	ギン	ガン	タ
hǐw	lέεw	kin	kan	thə̀ k
หิว	แล้ว	กิน	กัน	เถอะ
お腹がすいた	もう	食べる	お互いに	~ましょう

＊タイ語には「いただきます」のような表現はありません。

第4章 食事の感想を言う

Advice　　　　辛い物が苦手なタイ人もいる

日本人は「タイ料理は辛い」というイメージをもっていますが、タイ人でも辛い食べ物が苦手な人がたくさんいます。辛くない料理としてパッタイやカオマンガイなどが有名ですが、トートマングン（海老カツ）、コー

ムーヤーン（豚トロ焼き）、パットプリアオワーン（甘酢炒め）など辛くないタイ料理もたくさんあります。また、日本人でワサビが苦手な人がいるように辛い物やパクチーが苦手で食べられないタイ人もいます。

会計をする

（ちょっと）会計をしてください。

チェッ（ク）　ビン　　ノイ
chék　bin　nɔ̀i　k
เช็ค　　บิล　　หน่อย
勘定する　勘定書　ちょっと

＊「chék」は英語のcheck（会計／勘定）、「bin」は英語のbill（請求書／勘定書）からきた言葉です。少しいいレストランで使います。
＊「nɔ̀i」を使って表現を和らげています。

（ちょっと）お金の計算をしてください。

キッ（ト）　ンガン　　ノイ
khít　ŋən　nɔ̀i　k
คิด　　เงิน　　หน่อย
考える　お金　ちょっと

＊どのようなお店でも使えます。

（ちょっと）お金を取りに来てください。

ゲッ（プ）　ンガン　　ノイ
kèp　ŋən　nɔ̀i　k
เก็บ　　เงิน　　หน่อย
集める　お金　ちょっと

＊屋台や大衆食堂でよく使います。

Advice　　お勘定をお願いするフレーズ

紹介してきたように、お店によって会計を頼む言い方を使い分けます。ここで紹介したほかに、話し言葉で「taŋ」をお金という意味で使うことがあるため、「khít taŋ」や「kèp taŋ」というフレーズを使うこともあります。

私がご馳走します。

チャン	リアン(グ)	エーン(グ)
chán	**líaŋ**	**eeŋ k**
ฉัน	เลี้ยง	เอง
私	ごちそうする	自分で

カードが使えますか？

チャイ	バッ(ト)	クレーディッ(ト)	ダイ	マイ
chái	**bàt**	**khreedìt**	**dâi**	**mái k**
ใช้	บัตร	เครดิต	ได้	ไหม
使う	カード	クレジット	<可能>	<疑問>

注文していません。

マイ	ダイ	サン(グ)
mâi	**dâi**	**sàŋ k**
ไม่	ได้	สั่ง
<否定>	機会を得る	注文する

＊レシートに頼んでいないものが含まれていたら、このように伝えましょう。注文していない料理や飲み物が運ばれてきたときなどにも使えます。

Advice

支払い時のマナー

日本とは異なり、タイではお店で個別に支払うことができません。割り勘をする際は誰かがまとめて支払いをして、あとから精算します。また、タイではレストランに関わらず、どこのお店で支払いをするときでも、支払い金額が小さい場合に1,000バーツ札などの大きなお札で支払うと嫌な顔をされます。そのため、両替時に細かい紙幣を多く用意しておくとよいでしょう。

タイマッサージ・スパで

古式マッサージを１時間お願いします。

ヌアッ(ト)	ペーン	ボーラーン	ヌン(グ)	チュアモーン(グ)	
nûat	**phɛ̌ɛn**	**booraan**	**nùŋ**	**chûamooŋ**	**k**
นวด	แผน	โบราณ	๑	ชั่วโมง	
マッサージする	方式	古代の、古い	1	類別詞（時間）	

＊足裏マッサージの場合は「nûat fàa tháaw」になります。

（ちょっと）背中をマッサージしてください。

ヌアッ(ト)	ラン(グ)	ノイ	
nûat	**lǎŋ**	**nɔ̀i**	**k**
นวด	หลัง	หน่อย	
マッサージする	背中	ちょっと	

＊「nɔ̀i」を使って表現を和らげています。

このツボは目のツボです。

ヂュッ(ト)	ニー	ヂュッ(ト)	ター	
cùt	**níi**	**cùt**	**taa**	**k**
จุด	นี้	จุด	ตา	
ツボ／点	この	ツボ／点	目	

痛いです。

ヂェッ(ブ)	
cèp	**k**
เจ็บ	
（外部的に）痛い	

＊外部からの刺激による痛みに対して「cèp」という言葉を使うのに対して、内側からの痛みには「pùatプアッ(ト)」という言葉を使います。

（ちょっと）軽くマッサージしてください。

ヌアッ(ト)	バオ	バオ	ノイ	
nûat	**baw**	**baw**	**nɔ̀i**	**k**
นวด	เบา	ๆ	หน่อย	
マッサージする	軽く	<繰り返し>	ちょっと	

＊「baw（軽く）」に対して「強く（パワフルに）」してほしい場合は「rɛɛŋ rɛɛŋレーン（グ）レーン（グ）」を用います。

162

関連単語

足	脚	お尻
ターオ **tháaw** เท้า	カー **khăa** ขา	サポー（ク）　　ゴン **sàphôok ／ kôn** สะโพก　　ก้น

腰（ウエスト）	お腹	胸
エーウ **eew** เอว	トーン（グ） **thɔ́ɔŋ** ท้อง	ナーオッ（ク） **nâaòk** หน้าอก

肩（首寄りの部分）	肩（肩関節寄りの部分）	首
バー **bàa** บ่า	ライ **lài** ไหล่	コー **khɔɔ** คอ

腕	手	頭
ケーン **khɛ̆ɛn** แขน	ムー **mɯɯ** มือ	フア **hŭa** หัว

顔	髪	鼻
ナー **nâa** หน้า	ポム **phŏm** ผม	ヂャムー（ク） **camùuk** จมูก

耳	爪	皮膚
フー **hŭu** หู	レッ（プ） **lép** เล็บ	ピウ **phĭw** ผิว

緊急の場合

お腹が痛いです。

プアッ（ト）　トーン（グ）
pùat thɔ́ɔŋ k
ปวด　ท้อง

(内側から) の痛み　　お腹

＊「thɔ́ɔŋ」のところを「hǔa（頭）」「khàw（膝）」「tháaw（足）」などと入れ替えて使用できます。また、お腹を壊したときは「thɔ́ɔŋ sǐa」と言います。

熱があります。

ミー　　カイ
mii khâi k
มี　ไข้

～がある/いる　　熱

＊「khâi」のところを「náammûuk（鼻水）」「sěemhà（痰）」などと入れ替えて使用できます。

風邪をひきました。

ペン　　ワッ（ト）
pen wàt k
เป็น　หวัด

～に属する　　風邪

＊喉が痛いときは「cèp khɔɔ」、咳が出るときは「ai」と言います。

道に迷いました。

ロン（グ）　ターン（グ）
lǒŋ thaaŋ k
หลง　ทาง

迷う　　道

＊タイでは流しのタクシーが多く、タクシー配車アプリも充実しているので、迷子になったら迷わずタクシーを利用しましょう。

部屋の鍵をなくしました。

タム	グンヂェー	ホン（グ）	ハーイ
tham	**kuncɛɛ**	**hɔ̂ŋ**	**hǎai k**
ทำ	กุญแจ	ห้อง	หาย
する	鍵	部屋	なくなる

＊「kuncɛɛ」のところを「krapǎw ŋən（財布）」「tǔa（チケット）」「pháaspɔ̀ɔt（パスポート）」などと入れ替えて使えます。

助けて！

チュアイ	ドゥアイ
chûai	**dûai k**
ช่วย	ด้วย
助ける	＜強調＞

＊「chûai」には「手伝う」以外に「助ける」という意味もあります。

ドロボー！

カモーイ
khamooi k
ขโมย
泥棒

＊スリや置き引きなど何かを盗まれたときにはこの「khamooi」を使えます。タイでは置き引きが多いので、鞄や荷物で場所取りなどをしないようにしましょう。

Advice
タイで気をつけたほうがいいこと

タイ滞在中に体調を崩す原因のひとつにお腹の不調があります。タイは暑い国のため冷たい飲み物を飲みたくなりますが、タイの氷は衛生的に不安があるため注意が必要です。また、辛い物を食べすぎてもお腹を壊すので注意しましょう。そして、日本人があまり注意を払わずお腹を壊す原因になるのが食器です。タイ人を観察していると、スプーンやフォーク、コップ、取り皿などをティッシュや紙ナプキンで拭いているのを見かけます。タイでは食器類が汚れていることがよくあるので、自分で拭き直すことをおすすめします。フードコートなどではスプーンやフォークが置いてある場所で煮沸消毒ができるようになっているので、見かけたら煮沸消毒をするようにしましょう。

東京	京都	北海道
トーギアオ **tookiaw** โตเกียว	ギアオトー **kiawtoo** เกียวโต	ホッ(ク)ガイドー **hɔ́kkaidoo** ฮอกไกโด

寺院	神社	城
ワッ(ト) **wát** วัด	サーンヂャーオ **sǎancâaw** ศาลเจ้า	プラーサー(ト) **praasàat** ปราสาท

温泉	スキー場
ナム　　プ　　ローン **náam phú rɔ́ɔn** น้ำ　พุ　ร้อน	ラーン　サギー **laan sakii** ลาน　สกี

富士山	白川郷
プーカオ　ファイ　フーヂ **phuukhǎw fai fuucì** ภูเขา　ไฟ　ฟูจิ	シラーカーワーゴ **shiraakhaawaakò** ชิราคาวาโกะ

ディズニーランド	ユニバーサルスタジオジャパン	カラオケ
ディッ(ト)ニーレーン **dítnîilɛɛn** ดิสนีย์แลนด์	ユーニワーセオ **yuuníwɔɔsêw** ยูนิเวอร์แซล	カーラーオーゲ **khaaraaookè** คาราโอเกะ

アニメ	コスプレ	ゲーム
アニメ **animé** อะนิเมะ	コースプレー **khɔ́ɔsphlee** ＊ คอสเพลย์	ゲーム **keem** เกม

＊外来語の単語では本来タイ語にない末子音が使われることがあります。khɔ́ɔsphlee では「s」が末子音のような形になっています。

第 **5** 章

エンタメで
コミュニケーション

タイは、観光や食事を楽しむばかりでなく、

映画やドラマなどのコンテンツも人気が高まっています。

タイのスターに応援メッセージを送ったり、

ドラマでよく耳にするフレーズの意味を知ったりすることで、

より深くタイ文化に触れてみましょう。

ファン活動の基本

🌸 ファンミーティングやライブの際に声援を送ったり、応援うちわなどにメッセージを書いたりする際に使えるフレーズを紹介します。言いたいフレーズを練習し、「推し」に会ったら、ぜひ伝えてみましょう。

愛してます！

ラッ（ク）
rák k
รัก

愛する

大好きです！

チョー（プ）　マー（ク）
chɔ̂ɔp mâak k
ชอบ　　มาก

好む　　とても

カッコいい！

テー
thêe k
เท่

格好いい

イケメン！

ロー
lɔ̀ɔ k
หล่อ

ハンサムな

ようこそ日本へ！

ジンディー　　トーンラッ（プ）　　スー　　ジープン
yindii tɔ̂ɔnráp sùu yîipùn k
ยินดี　　ต้อนรับ　　สู่　　ญี่ปุ่น

喜ぶ　　歓迎する　　～へ　　日本

応援してます！

ペン	ガムラン（グ）ヂャイ	ハイ
pen	**kamlaŋcai**	**hâi k**
เป็น	กำลังใจ	ให้
～に属する	励み	あげる

＊「pen」は所属を表しますが（→70ページ）、「ファンになる」「母になる」など、これまで属していなかったグループに属する場合は「～になる」という意味になります。

○○推し。

メーン
meen ○○ **k**
เมน
メイン

＊「英語のmainです。meen khrai k（推し、誰ですか？）」とお互いに聞いてみましょう。

最高に幸せです。

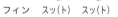

フィン	スッ(ト)	スッ(ト)
fin	**sùt**	**sùt k**
ฟิน	สุด	ๆ
幸せ（俗）	最も	＜繰り返し＞

＊「fin」は「幸せ」を表す俗語で、「fin」は「finale（フィナーレ）」の略です。「ショーの最高の結末」からきており、完璧で最高の結末で幸せという感覚を表します。

ファン活動の基本

ファン同士、交流する

🌸 ファン同士で「推し」について話すのはとても楽しいですね。タイの人と仲良くなって「推し活」について話すことができたら、もっと盛り上がることでしょう。

どの曲が好きですか？

チョー(プ)	パレーン(グ)	ナイ
chɔ̂ɔp	phleeŋ	nǎi k
ชอบ	เพลง	ไหน
好む	曲	どの

この曲は何ですか？

パレーン(グ)	ニー	パレーン(グ)	アライ
phleeŋ	níi	phleeŋ	arai k
เพลง	นี้	เพลง	อะไร
曲	この	曲	何

＊タイ語では「この曲は何という曲ですか」という表現をしています。

ネット内にありますか？

ミー	ナイ	ネッ(ト)	マイ
mii	nai	nèt	mái k
มี	ใน	เน็ต	ไหม
～がいる/ある	～の中	ネット	<疑問>

＊探している曲が、ウェブ上に上がっているかどうか聞きたいときに言ってみましょう。

タイ沼にはまってます。

ティン(グ) ドム タイ

tìŋ dɔ̂m thai k

ติ่ง ด้อม ไทย

熱狂する (俗)　熱狂的なファンの集団 (俗)　タイ

＊「dɔ̂m」は俗語です。英語のfanclub（ファンクラブ）とkingdom（キングダム）が組み合わさってできた「fɛɛŋ dɔ̂m フェーンダム（英語のfandom）」という言葉の略語で、熱狂的なファンの集団を指すときに使われます。

一緒に推し活しましょう。

パイ ティン(グ) ガン タ

pai tìŋ kan thə̀ k

ไป ติ่ง กัน เถอะ

行く　熱狂する (俗)　お互いに　～ましょう

＊直訳は「お互いに熱狂しましょう」です。

タイのスター推し歴、3年です。

ティン(グ) ダーラー タイ マー サーム ピー レーオ

tìŋ daaraa thai maa sǎam pii lɛ́ɛw k

ติ่ง ดารา ไทย มา ๓ ปี แล้ว

熱狂する (俗)　スター　タイ　来る　3　年　もう

＊直訳は「タイのスターの熱狂的なファンをしてきて、もう3年です」です。

昨日の生ライブで、画面のスクショを連発しました。

ライ ソッ(ト) ムアワーン ケッ(プ) ナー ヂョー ルア ルア

lái sòt mûɯawaan khɛ̀p nâa cɔɔ rua rua k

ไลฟ์ สด เมื่อวาน แคป หน้า จอ รัว ๆ

ライブ　生　昨日　スクショする　画面　連発で　<繰り返し>

＊「lái」は英語の「live（ライブ）」からきており、最後に「f」の音を入れて「lái(f)」と発音する人もいます。

171

スターにメッセージを伝える

🌸握手会やSNSで「推し」に気持ちを伝えるときに使えるフレーズを紹介します。とっさに言えるよう、発音に気をつけながら何度も練習をしてみてください。

笑顔がすてきです。

ジム	ナーラッ（ク）	
yím	**nâarák**	**k**
ยิ้ม	น่ารัก	
微笑む	かわいい	

ダンスが本当に上手です。

テン	ゲン（グ）	マー（ク）	
tên	**kèŋ**	**mâak**	**k**
เต้น	เก่ง	มาก	
踊る	上手な	とても	

ドラマはすべて見てます。

ドゥー	ラコーン	トゥッ（ク）	ルアン（グ）	ラーイ	
duu	**lakhɔɔn**	**thúk**	**rûaŋ**	**ləəi**	**k**
ดู	ละคร	ทุก	เรื่อง	เลย	
見る	ドラマ	すべて	類別詞	<強調>	

ずっと応援してます。

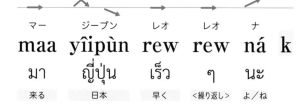

ヂャ	ペン	ガムラン(グ)ヂャイ	ハイ	タロー(ト)	パイ	
cà	pen	kamlaŋcai	hâi	talɔ̀ɔt	pai	k
จะ	เป็น	กำลังใจ	ให้	ตลอด	ไป	
<意思/予定>	～に属する	励み	あげる	ずっと		

＊169ページで紹介した「pen kamlaŋcai hâi k」に、意思を表す「cà」と「ずっと」を意味する「talɔ̀ɔt pai」が加わったフレーズです。

早く日本に来てください。

マー	ジープン	レオ	レオ	ナ	
maa	yîipùn	rew	rew	ná	k
มา	ญี่ปุ่น	เร็ว	ๆ	นะ	
来る	日本	早く	<繰り返し>	よ／ね	

＊近いうちに日本に来てほしいと伝えるときに言ってみましょう。

ファイト！ファイト！

スー	スー	ナ	
sûu	sûu	ná	k
สู้	ๆ	นะ	
ファイト	<繰り返し>	よ／ね	

＊「がんばってください」という気持ちを伝えるときに言ってみましょう。

体に気をつけてください。

ドゥーレー	トゥア	エーン(グ)	ドゥアイ	ナ	
duulɛɛ	tua	eeŋ	dûai	ná	k
ดูแล	ตัว	เอง	ด้วย	นะ	
管理する	自分自身	<強調>	よ／ね		

＊直訳は「自己管理してください」です。「chûai～nɔ̀i」(→104ページ) だと「ちょっと～してください」と遠慮の入ったお願いなのに対して、「chûai～dûai」だと強調の「dûai」が使われているため少し強めに強調したお願いになります。この文章では「chûai～dûai」の「chûai」が省略された形です。

スターの声掛けとファンの歓声

🌸 スターが話すことが少しでもわかると
うれしいものですよね。コンサートでよく
使われるフレーズを厳選して紹介します。

応援してください！

ペン	ガムラン(グ)ヂャイ	ハイ	ドゥアイ	
pen	**kamlaŋcai**	**hâi**	**dûai k**	
เป็น	กำลังใจ	ให้	ด้วย	
～に属する	励み	あげる/くれる	<強調>	

＊169ページで紹介した「応
援してます」が、お願いの
形になったものです。「chûai
～dûai」は少し強調したお
願いの意味でこのフレーズ
は「chûai～dûai」の「chûai」
が省略された形です。

（ちょっと）手を振って！

チュー	ムー	ノイ	
chuu	**mɯɯ**	**nɔ̀i k**	
ชู	มือ	หน่อย	
挙げる	手	ちょっと	

＊「nɔ̀i」を使って表現を和ら
げています。

（ちょっと）声援をください！

コー	シアン(グ)	ノイ	
khɔ̌ɔ	**sǐaŋ**	**nɔ̀i k**	
ขอ	เสียง	หน่อย	
誘う	声	ちょっと	

みなさん愛してます！

ラッ(ク)	トゥッ(ク)	コン	
rák	**thúk**	**khon k**	
รัก	ทุก	คน	
愛する	すべて	人	

一緒に歌いましょう！

ローン（グ）	ドゥアイ	ガン	ナ	
rɔ́ɔŋ	**dûai**	**kan**	**ná**	**k**
ร้อง	ด้วย	กัน	นะ	
歌う	一緒に		よ／ね	

みなさん、また会いましょう！ バイバイ！

トゥッ（ク）	コン	ヂャー	ガン	マイ	ナ	バーイ	バーイ	
thúk	**khon**	**cəə**	**kan**	**mài**	**ná**	**báai**	**baai**	**k**
ทุก	คน	เจอ	กัน	ใหม่	นะ	บ๊าย	บาย	
すべて	人	会う	お互いに	新たに	よ／ね	バイバイ		

アンコール！ アンコール！

アオ	イー（ク）	アオ	イー（ク）
aw	**ìik**	**aw**	**ìik**
เอา	อีก	เอา	อีก
欲しい	もっと	欲しい	もっと

終わらないで〜！

マイ	ヤー（ク）	ハイ	ヂォッ（プ）	ラーイ
mâi	**yàak**	**hâi**	**còp**	**ləəi**
ไม่	อยาก	ให้	จบ	เลย
＜否定＞	〜させたい		完結する	全く

＊直訳は「全く完結させたくない」です。「mâi 〜 ləəi」で「全く〜ない／全然〜ない」の意味になります。

5_05
S5_05

🌸 日本語と同じでタイ語にも話し言葉があり、言葉の省略や言い換えなどが行われます。タイのドラマや映画などを見る際によく耳にするものを紹介します。

くだけた表現なので、親しい間柄でしか使いません。

おはよ。／やぁ。

ワッ（ト）ディー
wàtdii
หวัดดี

sawàtdii の略

＊ふつうの言い方は「sawàtdii k」です。朝、昼、夜、会ったとき、別れるとき、いつでも使えるフレーズです（→50ページ）。

またね。

ワイ	ヂャー	ガン
wái	**cəə**	**kan**
ไว้	เจอ	กัน
後で~する	会う	互いに

＊ふつうの言い方は「cəə kan mài k（また会いましょう）」です。

おやすみ（Good night）。

ファン	ディー	ナ
fǎn	**dii**	**(ná)**
ฝัน	ดี	นะ
夢を見る	良い	よ／ね

＊「fǎn dii (ná)」は「良い夢を見てね」という意味で、これから眠る相手に対して使います。自分が寝る場合は「nɔɔn lɛɛw (ná)（もう寝るね）」を使います。日本語の「おやすみ」とは使い方が異なるので注意しましょう。

ごめんね。

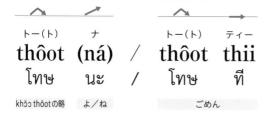

トー(ト)	ナ	/	トー(ト)	ティー
thôot	(ná)	/	thôot	thii
โทษ	นะ	/	โทษ	ที

khɔ̌ɔ thôotの略　　よ／ね　　　　　　ごめん

どう？

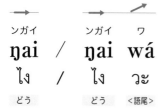

ンガイ	/	ンガイ	ワ
ŋai	/	ŋai	wá
ไง	/	ไง	วะ

どう　　　　どう　　＜語尾＞

＊ふつうの言い方は「pen yaŋŋai bâaŋ k（最近どうですか／調子はどうですか）」です。「wá」は「khá / khráp」の代わりに使う丁寧ではない語尾です。

かわいすぎる。

ナーラッ(ク)	ア
nâarák	à
น่ารัก	อะ

かわいい　　＜強調＞

＊「à」は語尾につけて強調を表します。話し言葉で頻繁に使われる表現で、いい、悪い両方の意味に使えます。

Advice

話し言葉の疑問文

タイ語も話し言葉は単語が短くなったり省略されたりします。そのため簡単な内容でも普通のタイ語しか学習したことがないと、話し言葉を聞いたときに言っていることが聞き取れません。そのため、ここでは疑問文の話し言葉を紹介します。

kin mái k（食べますか？）
→ kin má（食う？）
maa châi mái k（来ますよね？）
→ maa châi má（来るよね？）
pai rǔɯ plàaw k（行きますか？）
→ pai plàaw（行く？）
→pai pà / pai pá（行く？）

よく聞く話し言葉、スラング

🌸 ドラマや映画で耳にする、気持ちなど
をイキイキと伝える表現を紹介します。

すっごくきれい。

スアイ　　ヂャン(グ)　　ラーイ
sŭai can lǝǝi
สวย　　จัง　　เลย

きれい　　　すっごく (俗)

＊ 「とても」の意味で「mâak」が使わ
れますが、「すっごく〜／とっても〜」
のように強調する際には「mâak」の
代わりに「can lǝǝi」という表現を
使います。

すっごく暑い。

ローン　　ヂャン(グ)　　ラーイ
rɔ́ɔn can lǝǝi
ร้อน　　จัง　　เลย

暑い　　　すっごく (俗)

＊ 「can lǝǝi」は今の気持ちや感想を
述べる際に使います。過去のことに
ついては使えないので注意しましょ
う。

すっごく楽しい。

サヌッ(ク)　　ヂャン(グ)
sanùk can
สนุก　　จัง

楽しい　　すっごく (俗)

すっごくつまらない。

ブア　　ヂャン(グ)
bùa can
เบื่อ　　จัง

つまらない　すっごく (俗)

＊ 「lǝǝi」を省略
して「can」だ
けで使うこと
もあります。

めっちゃ、うまい。

コー（ト）　アロイ
khôot arɔ̀i
โคตร　อร่อย

めっちゃ（俗）　おいしい

＊もともと「元祖」のような意味を持
つ「khôot」を、「めっちゃ〜」のよ
うな強調するときに使うことがあり
ます。

めっちゃ、すごい。

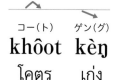

コー（ト）　ゲン（グ）
khôot kèŋ
โคตร　เก่ง

めっちゃ（俗）　すごい

めっちゃ、イケメン。

コー（ト）　ロー
khôot lɔ̀ɔ
โคตร　หล่อ

めっちゃ（俗）　ハンサムな

めちゃくちゃ、高い。

ペーン（グ）　コー（ト）　コー（ト）
phɛɛŋ khôot khôot
แพง　โคตร　ๆ

（金額が）高い　めちゃくちゃ（俗）　＜繰り返し＞

＊「khôot」を重ねて使うと、より強調されます。そのときは、「〜 khôot khôot」と後ろにつけます。

死ぬほど遠い。

グライ　ヂャ　ターイ
klai cà taai
ไกล　จะ　ตาย

遠い　死ぬほど（俗）

＊「taai」は「死ぬ」という意味です。日本語でも「死ぬほど〜」という言い方で強調することがあります。タイ語の場合は、相手の意見に対して強調して反対するときに使います。

ドラマで聞く人称の表現

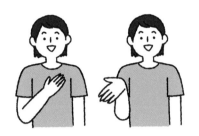

🌸タイ語にはさまざまな人称代名詞があり、話す人と相手との関係によって使用する言葉が違います。ここではドラマでよく使われている人称代名詞を紹介します。

●一人称

グー **kuɯ**	男女ともに使えますが、日本語の「俺」や「俺様」という感じで、丁寧な言い方ではありません。	ラオ **raw**	「私たち」の意味で使うのが一般的ですが、親しい人の間では「私」としてもよく使われます。
ウア **úa**	中国系の一部のタイ人が自分を指すときに使います。男女ともに使えます。 「úa」に対応する二人称は「lúɯɯ」です。	カオ **kháw**	本来は三人称として使いますが、カップルや夫婦など愛している人や友人に向かって話すとき、一人称として使うことがあります。

●二人称

ムン(グ) **mɯŋ**	「てめえ」「貴様」「おまえ」のような感じで、「kuɯ」に対応します。	ピー **phîi**＊	自分より年齢が少し上の人に対して使います。「先輩」という感じです。
ノーン(グ) **nɔ́ɔŋ**	自分より年齢が少し下の人に対して使います。「君」「後輩」という感じです。	ター **thəə**	「あなた」「君」という感じで、「raw」に対応します。
ゲー **kɛɛ**	「あんた」「おまえ」という感じで、「raw」に対応します。	ティー ラッ(ク) **thîi rák**	「ダーリン」のような感じで、カップルや夫婦などが愛している人を呼ぶときに使います。
トゥア エーン(グ) **tua eeŋ**	「kháw」に対応します。本来は「tua eeŋ（自分自身）」という意味で使うのが一般的ですが、カップルや夫婦などが愛している人に二人称として使うことがあります。		

＊「phîi」は、大人が子どもに対して「お兄さんはね」などと言うように一人称としても使うことがあります。

●三人称

→ ター **thəə**	本来は「あなた、君」という意味で二人称として使いますが、女性の三人称として使用する場合もあります。	→ ナーン（グ） **naaŋ**	本来は「Mrs.（ミセス）」という意味ですが、三人称として使用する場合があります。「kháw」と同じで男性、女性ともに使えます。「kháw」よりくだけた言い方です。
→ マン **man**	本来は「それ（物、動物を指す）」という意味で使いますが、人に対して使うと「やつ」「あいつ」のような意味になります。	⌢　　⌢ アイ　　ナン **âi nân**	「âi ～」で「～野郎」という意味になり、「âi nân」で「あの野郎」のような意味になり、三人称として使います。

column
コラム④

日本語と似て、人称代名詞が多い

　左のページでは、44ページで紹介した「私」「あなた」以外の人称代名詞を紹介しました。日本語にも「わたし」以外にも「僕」「俺」「わたくし」「我」「わし」など自分を指す言葉のバリエーションが多く、くだけた場面、改まった場面などで使い分けるように、タイ語にも「自分自身」や「相手」を指す言葉がいくつかあり、丁寧度合いなどが違います。

　このほか、「自分自身」を指すときには一人称代名詞の代わりに、あだ名を使うことも多いです。また、二人称の場合も相手と親しくほぼ同年齢であれば、相手のあだ名（chûɯ lên）や名前（chûɯ）だけで呼ぶこともよくあります。

タイの言葉遊び

　タイ語には「phǔan kham プアンカム（言葉をひっくり返す）」という言葉遊びがあります。これは単語や文章の1つ目の単語と最後の単語の母音を入れ替える言葉遊びです。

　例えば「nák rɔ́ɔŋ」は歌手という意味の単語ですが、これの母音を入れ替えると「nɔ́ɔŋ rák」で愛するnɔ́ɔŋ（弟、妹、後輩）という意味になります。

　単語3語の例を見てみましょう。「lài thùuk cɔɔ」で「肩（lài）が画面（cɔɔ）にぶつかる（thùuk）」という意味なのですが、「lài thùuk cɔɔ」の1つ目の単語と最後の単語の母音を入れ替えて「lɔ̀ɔ thùuk cai」になると「イケメン（lɔ̀ɔ）で気に入った（thùuk cai）」という意味になります。

　タイ人はこの「phǔan kham」が好きで、友達との日常会話やタレントのSNSでも出てきますし、テレビのお笑い番組などでも耳にします。日本人の笑いの感覚からは面白さがわからないのですが、母音が入れ替わっただけのこの言葉遊びがタイ人には楽しくて、ゲラゲラ笑ったりしています。

　一見簡単そうに見えますが、慣れるまでは母音を入れ替えるのは至難の業です。理解できないタイ語の文章を辞書で調べても意味が出てこないときなどは、一度この「phǔan kham」が使われていないか疑ってみてください。

　「phǔan kham」を理解し使えるようになるとタイ語の上級者の仲間入りです。日本でタイドラマブームが起こるきっかけになった「2gether」というドラマの主題歌に「khân kuu（二人を隔てる、仕切るもの）」という曲があるのですが、これには「phǔan kham」が使われており、母音を入れ替えると「khûu kan（together）」という意味になります。

タイ語の学習は無理なく続けるのがポイント

　タイ語の学習を長く継続するために、ちょっとしたコツを紹介したいと思います。

　長く学習を続けていくにはタイ語の学習がストレスになってはいけません。学習が負担になると挫折につながるため、「無理なく」というのがポイントです。

　そのため、自分にストレスのかからない方法やペースで学習を進めることが大切です。大きな目標を立てると達成までの道のりが長く大変なため、まずは「母音をしっかり頑張ろう」「1日に3個単語を覚えよう」「好きなドラマのセリフから知っている単語を5つ聞き取ろう」など、目的を具体的にしてモチベーションを上げ、小さな目標をクリアしていくことで大きな目標の達成を目指しましょう。

　タイ語の学習をルーティン化することもひとつの方法です。忙しい生活の中で時間を確保して机に向かうのは大変です。毎日歯を磨くのと同じように、5分でもいいのでタイ語を学習することを習慣にしましょう。

　また、言葉はコミュニケーションをとるための道具のため、実際に使う機会が増えると学習も楽しくなります。発音が大切なタイ語の学習においては教材の音声を聞いて発音したり、シャドウイングの練習をしたりするのも効果的ですが、たまにはタイ語教室やオンラインレッスンを活用して、自分ではチェックの難しい発音の矯正や会話練習をしたり、同じタイ好きの仲間と一緒に学習することもモチベーションの向上につながります。楽しく学習を継続するためにも、学習に行き詰まったら少し学習環境を変えてみましょう。

さくいん［日本語］

- 2～5章で紹介している単語をおもに収録しています。
- 「基本単語」として紹介している単語は収録していません。

か行

さくいん

さくいん

著者　原田信生（はらだ・のぶお）

大学在学時にタイのタマサート大学へ留学、卒業後にチュラロンコーン大学、シーナカリンウィロート大学に留学。大学在学中にタイ語の翻訳、通訳の仕事、及び日本語講師をスタート。タイ語を活かして現地の中学校・高校、タイ国日本留学生協会、早稲田エデュケーションなどで講師を務める。2007年に外国語の教授法を用いたタイ語会話専門の教室スリーエス エデュケーションを設立、現在はJAYAランゲージセンターの校長も務める。

執筆協力　テンヂャローン　モンルタイ（ニックネーム：アート）

チュラロンコーン大学文学部日本語学科を主席で卒業。お茶の水大学博士課程にて日本語教育について研究。現在はJAYA＆スリーエスグループタイ語主任講師、日本でのファンミーティングの通訳として活躍中。

監修者　JAYA＆スリーエスグループ

東京・池袋にあるJAYAランゲージセンター、飯田橋にあるスリーエスエデュケーションなど、語学学校を運営する都内でも最大級のアジア言語の教室。「しっかりと会話ができるようになる語学教室」として好評。

JAYAランゲージセンター

スリーエスエデュケーション

デザイン	鷹觜麻衣子
イラスト	サタケシュンスケ
編集・制作協力	株式会社エディポック
タイ語校正	ケッタガーン パウトーン（ニックネーム：カイムック）
音声収録・編集	一般財団法人英語教育協議会（ELEC）
タイ語ナレーター	テンヂャローン モンルタイ（ニックネーム：アート）
	シャロンソンバトアモン バラミー（ニックネーム：オーム）
日本語ナレーター	乙坂双葉

いちばんやさしい
使えるタイ語入門

著　者　原田信生
監修者　JAYA＆スリーエスグループ
発行者　池田士文
印刷所　TOPPANクロレ株式会社
製本所　TOPPANクロレ株式会社
発行所　株式会社池田書店
　　　　〒162-0851
　　　　東京都新宿区弁天町43番地
　　　　電話 03-3267-6821（代）
　　　　FAX 03-3235-6672

落丁・乱丁はお取り替えいたします。
©Harada Nobuo 2023, Printed in Japan
ISBN978-4-262-16987-3

[本書内容に関するお問い合わせ]

書名、該当ページを明記の上、郵送、FAX、または当社ホームページお問い合わせフォームからお送りください。なおお回答にはお時間がかかる場合がございます。電話によるお問い合わせはお受けしておりません。また本書内容以外のご質問などにもお答えできませんので、あらかじめご了承ください。本書のご感想についても、当社HPフォームよりお寄せください。

[お問い合わせ・ご感想フォーム]

当社ホームページから
https://www.ikedashoten.co.jp/

24006008